点亮艺术之眼

——伟大的博物馆

伟大的
博物馆

MUSÉE JACQUEMART-ANDRÉ, Parigi

〔意大利〕伊波利塔·帕西利 主编
姚雪皎 译

巴黎
雅克马尔-安德烈博物馆

江苏凤凰文艺出版社
JIANGSU PHOENIX LITERATURE AND
ART PUBLISHING

目 录

前 言

巴黎雅克马尔-安德烈博物馆

主要馆藏

传 记

前　言

雅克马尔－安德烈博物馆的收藏源于两位非同寻常的人物的婚姻：一位是名叫内尔的年轻艺术家，即科尔内莉亚·巴尔贝·雅克马尔，另一位是法国19世纪最伟大的银行家之一爱德华·安德烈。他们是艺术收藏家中最幸运的组合之一，但他们的结合并不是循规蹈矩的婚姻：这一事件甚至在当时的巴黎社会引起了不小的轰动。

如果说他们在情感上的结合可能像维克多·雨果小说的情节，但他们在艺术上的合作关系堪称艺术研究和博物馆筹备的典范。这对夫妻的兴趣广泛，从收藏的物品类型（画作、雕塑、家具组件）到它们的来源（从意大利艺术到当代绘画，再到异域的作品），最吸引人、最新颖的外观是他们收集藏品的出发点。

首先，他们的收藏地点十分引人瞩目：就在这对夫妇位于奥斯曼大道158号的巴黎宅邸中。这些藏品已经融入了他们的日常生活中，无论是接待室还是私人房间都经过了精心布置，装饰令人回味。1914年《壹周刊》上的一篇文章指出，雅克马尔和安德烈的收藏因其作品的重要性毫无疑问地可以被称为博物馆，甚至超越了最负盛名的卢浮宫，因为在那里，人们可以深刻感受到艺术和生活最原始的融合氛围。

这对夫妇对艺术珍品的收藏热情清楚地反映了19世纪晚期大众的品位：这是伟大艺术鉴赏家的黄金时代，从理查德·华莱士到罗斯柴尔德家族，从卡蒙多到斯皮策，在欧洲和美国都留下了闻名世界的艺术收藏品。促成这种鉴赏学快速发展的因素是阔绰的商业资产阶级的丰富和内化，以及市场上巨大财富的突然出现，特别是在宗教被镇压和拿破仑劫掠后的意大利。在这种情况下，雅克马尔和安德烈没有竞争对手：他们毋庸置疑的艺术涵养——内尔的职业，爱德华的家族传统——奠定了他们挑选到价值连城作品的坚实基础。安德烈的巨大经济资本打通了他社交圈内最受欢迎的艺术家和最通达的市场渠道，而不知满足、几近疯狂的内尔则在一次次旅行中使夫妇二人成为最“凶悍”的寻宝者。

他们的性格非常不同：内尔的品位属于收藏家中最具爆炸性、要求最高、最具激情的那一种。他们的婚姻历时十三年，由于爱德华的健康状况不佳，妻子对于艺术品的喜爱偏好占据了主导地位。婚礼结束后，雅克马尔立即将她丈夫购买的当代作品系列出售，取而代之的是收购的意大利艺术品。在爱德华去世后，在她富裕寡居的很长一段时间内，内尔都是一个人负责收购和管理，因此她毋庸置

赫尔曼·温特哈尔特，《幼年爱德华·安德烈肖像》，巴黎，雅克马尔-安德烈博物馆

疑地拥有主导权，但丈夫的初衷——建立一座向所有艺术爱好者开放的博物馆，始终是他们收藏的核心目的所在。尽管内尔在丈夫去世后的十七年内享有极大的自由，但她在1912年弥留之际将奥斯曼宫和夏利修道院——巴黎雅克马尔-安德烈博物馆的核心，留给了法兰西学院，证实了他们以银行家收藏为基础的深刻的哲学追求和社会责任。

《爱德华·安德烈肖像》，1865年，私人收藏

奥斯曼大道 158 号的这座宅邸是安德烈与未来的妻子见面之前委托他人建造的，而他对内部布置却非常执着：各种艺术品（绘画、雕塑、家具和其他物品）必须与建筑和谐地融为一体，与他所熟悉的贵族氛围一致。这自然不是内尔的个人品位，但她后来肯定了自己的丈夫并学着与他一起发展该事业。

两人之前的生活和所接受的教育相距甚远。安德烈的家族史与经纪人和银行家的发展紧密相关，由于家族经济的崛起和社会地位的提升，他们在 18 世纪到 19 世纪的西方变革中发挥了重要作用。多米尼克·安德烈（1766—1844）来自尼姆的一个新教徒家庭。他曾在瑞士的法语区和热那亚接受过教育，在那里他进入了商业和银行系统，毫不费力地累积到了财富。19 世纪初他搬到了巴黎，成为法兰西银行的二十三大股东之一。当时的法兰西银行虽是一家私人机构，却获得了波拿巴家族的大力支持。银行在路易十八和查理十世的复辟中幸存了下来，并一直繁荣到路易·菲利普的资产阶级君主制时期。由于多米尼克的孙子埃内斯特·安德烈与银行巨擘弗朗索瓦·科蒂尔的女儿联姻，法国最富有的两个家庭结合，安德烈家族掌控了银行的主导权。这就是爱德华·安德烈（1833—1894）的背景，他是埃内斯特的儿子，也是 19 世纪中叶巴黎最具吸引力的继承人。

起初他被家人安排从军：效力于拿破仑三世，并参加了墨西哥和意大利的军事行动。他三十岁左右离开军队，继承了父亲的选区并进入了政界。普法战争结束时，他和罗斯柴尔德家族一起与德国协商谈判巨额的战争债务，并开始对这些经历感到厌恶，于是退出回归到私人生活，致力于家族资产的管理和他所热爱的艺术事业。在他的表弟莫里斯·科蒂埃的帮助下，成为巴黎艺术界的一员：他的著名宅邸成为画家和知识分子的聚会场所，也是他组织豪华派对以及供艺术家和买家交易的小型艺术市场。

爱德华为了超越自己单纯的收藏行为和美好安逸的生活，产生了一种更深刻的服务意识和对社会的奉献精神，这要归功于他的新教信仰。在之后的时间里，他积极地推动当时艺术品位的形成，并成为在新工业生产中追求美学改进的主角。这也是 1863 年开始的一个趋势，富裕的艺术事业的资助者开始萌芽。在经济全面发展时期，艺术爱好者、历史学家和工业家联合起来创立了工业应用艺术中央联盟，以“美丽即有用”为口号。这个组织有一个雄心勃勃的计划：支持研究环境；推动建造博物馆，收集和比较佳作——即便是一些

弗朗兹·克萨韦尔·温特哈尔特，《拿破仑三世肖像》，约 1852 年，罗马，拿破仑博物馆

查尔斯－安东尼·夸佩尔，《小酒馆里的堂吉诃德》，1751年，巴黎，雅克马尔－安德烈博物馆

奥古斯特・罗丹，《维克多・雨果肖像》，1889 年发表于《美术报》，比耶夫尔，维克多・雨果博物馆

小作品——过去的或者是当代的作品；重视图书馆、课程和讲座；负责规划展览，其中包括著名的世界博览会。爱德华于1872年成为联盟主席，与菲利普·德·切纳文斯和理查德·华莱士等知名人士合作。

同年，在内尔的建议下，他收购了《美术报》来丰富知识，提升品位，在接下来的一个半世纪，《美术报》一直都是世界上最负盛名的艺术报刊。在他去世后，内尔接任主编，1928年，该职位被移交到艺术商人威尔斯坦顿之手。爱德华人生中最后一个雄心勃勃的项目是将他的宅邸改造成一个能与卢浮宫比肩的博物馆，博物馆用"时代展厅"这一形式将每个时代的同类作品都收藏在一系列房间里，这种布局伦敦维多利亚和阿尔伯特博物馆已经尝试过了。同时，博物馆里的所有佳作不论是主流艺术还是小众艺术，都有属于它们自己的位置。

爱德华在四十岁时身体状况就已经不佳：他患有痛风，并且随着时间的推移，腿部出现了半瘫甚至更糟的情况。可他的财富却吸引了那些肆无忌惮企图利用他的投机分子，这引起了安德烈家族的担心。那段时间，爱德华频繁地与古怪而严肃的年轻肖像画家科尔内莉·雅克马尔来往：一个来自新资产阶级、性格坚定、经济独立且在贵族中颇受欢迎的女人。对艺术的热情是两人的共同点。

经过九年的交往，两人于1881年举行婚礼。在婚前协议上，他们列明了内尔带来的婚前资产，一份相当丰厚的嫁妆：估价约为111295瑞士法郎的家具和艺术品，管理良好的股票投资组合和收入不菲的租契。爱德华的表弟莫里斯·科蒂埃和堂兄路易斯·阿尔弗雷德·安德烈也认识内尔，既因为她艺术家的身份，更因为她与奥尔良家族的深厚友谊。这是一段考虑得十分周全的婚姻，首先是资产分离保障了安德烈家族的巨额财富：爱德华去世后，继承权将留在安德烈家族，而妻子则享有非常可观的终身年金，并拥有婚姻期间共同购买的物品。这绝对是一个很好的协议。

在那之前我们不知道内尔是谁，只知道她想要传达的内容。神奇的是，在1912年她去世后，人们在她精心编辑的档案中能找到所有与收藏品相关的文件：购买协议、与全世界古董商之间的往来记录、为了确认所购作品的准确价值与卢浮宫顾问间的来访信件、旅行日志等，但没有婚前的任何个人文件或者信件的痕迹。她带入安德烈家族的嫁妆首先展示出她成熟的艺术职业生涯，还有她鲜明的个性（19世纪中期三十多岁独立未婚罕见的女艺术家）和当她不是贵族时却拥有珍贵的法国贵族圈人脉。这段婚姻上报时被称作一段银行家和资产阶级间极其罕见的联姻，从这一点上看，内尔的出身可能比较平凡。但她在艺术界和生活中都有保护者：她的老师——画家莱昂·科尼，画家资助人丹尼斯·赫伯特；她在布雷顿家族的出版社待过很长一段时间，与阿歇特出版集团关系密切，多次受到夏利公爵夫人瓦特里女士的邀请和款待。内尔与瓦特里夫人十分熟悉，以至于在夫人去世后，她以高价收购了瓦特里夫人的别墅——现在隶属于雅克马尔-安德烈博物馆。

是什么样的纽带将这两个人联结在一起至今仍是个谜：一场利益的游戏？深刻的感情共鸣？深沉的爱？不管是出于什么原因，这段婚姻都非常坚定地走了下去，并且留下了累累硕果。可以肯定且令所有人惊讶的是，爱德华在弥留之际，他彻底改变了遗嘱：内尔成为他的唯一继承人，接替他在所有赞助和扶持的公共和艺术机构的职位。这使得内尔卷入了与安德烈家族的官司，后者只能眼睁睁地看着一部分的家族财产被夺走。

事实上，从1894年丈夫去世之后，内尔就致力于加强、完善和普及他们俩一生热爱的事业——建设雅克马尔-安德烈博物馆。她把自己的名字放在丈夫面前，并信守承诺，通过社会教育，让所有人都可以看到他们寻找、分享和保护的大批珍宝，从这一点看，她完美地维护了爱德华的遗产。

莱昂·约瑟夫·弗洛伦廷·博纳特，《维克多·雨果肖像》，1879年，巴黎，雨果故居

巴黎雅克马尔-安德烈博物馆

博物馆历史

奥斯曼大道 158 号乍一看像是一道普通的门：一座优雅的 19 世纪建筑，就像巴黎特色区域的其他建筑物一样；不同的是，它的内部拥有世界上最大的私人收藏之一，这是一对不拘一格、无条件热爱艺术的夫妇的成果。

爱德华·安德烈是银行世家的后裔，巨额财富的唯一继承人，也是新教徒、自由主义者和巴拿马主义者，艺术和赛马爱好者，青年时就开启了辉煌的政治和军事生涯。

内尔·雅克马尔来自巴黎东站的大众居民区，是一位职业画家。她是一位天主教徒，生活在君主制环境下，进取而果断，凭借自己的才华和一些珍贵的友谊成功地与当时最杰出的人物取得了联系，成为一名成功的肖像画家。他们的结合，是安德烈家族给年近五十的儿子

雅克马尔－安德烈博物馆内部

安排的婚事，因此不是那么被看好，但后来证实是一段紧密相连的姻缘，两人的感情因互相尊重和对艺术的热爱年复一年地升温。

1869 年，爱德华放弃了自己的政治生涯，开始大量收集艺术品，尤其关注法国学院派和当代的一些艺术品；同年，他委托建筑师亨利·帕朗建造他的住宅，距离香榭丽舍大街仅一步之遥。1881 年结婚后，内尔开始致力于居所的翻新工程：每一项工程和每一处设计，哪怕是作品和装饰的摆放，都必须经她的批准方可通过。而雅克马尔还有其他的任务，比如担任《美术报》的主编，管理庞大的家族遗产。早在 1881 年，这对夫妻就各自购买了许多艺术品，直到下一年两人才开始一起装修宅邸。因此，他们的夫妻生活更像是一段不停的旅途，不断地学习和前进。他们和古董商评论家维持着长期紧密的联系，与此同时，又追求个人的审美，这一点在内尔身上尤为明显。

就这样一直收购，他们理想的博物馆终于成形，多年的梦想如

画廊前厅，巴黎，雅克马尔－安德烈博物馆

今就在家中的厅室中得以实现，这里的每一件作品在到来之前就被精心安排好了位置。

房间的布局是在 19 世纪 80 年代期间仔细构想规划的成果。17、18 世纪的欧洲绘画、雕塑作品、精美的家具和挂毯位于房子的第二层，分别陈列在雅致的接待室和私人房间中。参观者进入博物馆后先在画廊前厅聚集，主人把这里布置成私密且华贵的洛可可风格，还带着一丝感性。由这个前厅进入被装饰成一座雕塑画廊的大客厅，这里有雅克马尔钟爱的 18 世纪的作品：科伊塞沃兹、乌东、斯洛茨等艺术家创作的半身像，它们不仅是装饰，更是巴黎奢靡社交生活的见证者。

从宅邸的公共区域到音乐厅和餐厅为止，再进一步就是最私密的房间，也就是安德烈夫妇居住过的区域，包括图书馆。图书馆里陈列着顶尖艺术家的杰作，如伦勃朗、凡·戴克、哈尔斯等，体

威尼斯厅，巴黎，雅克马尔－安德烈博物馆

现出了爱德华对荷兰艺术的偏爱；这里还有英国肖像画家的作品，1894 年爱德华去世后，妻子内尔痴迷于这种艺术形式。真正的瑰宝位于宅邸的二层：这些房间最早是妻子内尔的工作室，后来成了展示意大利文艺复兴作品的区域。穿过双螺旋大楼梯和冬季花园，就到了整个博物馆最受欢迎的核心区域——名副其实的意大利博物馆，它是在男主人爱德华去世后才布置完成的。如果说一层大厅的作品和装饰可以和谐地融入夫妻的日常生活中，那楼房上层的布置则是安德烈精心挑选的，为的是满足个人享受。同样，房间的布局也各有不同，展现了现代标准，后来也被各大公共博物馆沿用。从以专题方式排布的雕塑厅来到画作展厅，里面的画作带有装饰艺术和古典家具元素：正如文丘里在博物馆开幕时所说的那样，这座宅邸是一首赞美诗，以复活意大利文艺复兴的形式存在，它象征着两个人一生的梦想。

音乐厅，巴黎，雅克马尔－安德烈博物馆

从私人收藏到家庭博物馆

早在1884年，内尔·雅克马尔第一次立遗嘱时，就明确表露出把"这个美丽的宅邸……我们度过一生的地方"连同里面所有的珍品一同留给法国的意愿，这个念头在她之后寡居的日子里不断加深。在这段时间里，安德烈夫人更倾向将收藏公之于众，尤其是位于二层的意大利博物馆里的一些珍贵房间，之前只对少数人开放，这引起了欧洲专家的极大兴趣。在这种态度的基础上，尽管内尔当时还不是很明确，但她已经充分意识到自己收藏品的价值和适当地将它们对外开放的重要性。因此，1912年她去世时，这座家庭博物馆就变成了法兰西学院的财产，根据遗嘱，由这个机构履行运营和保证

沃尔特盖伊，雅克马尔－安德烈博物馆大厅，1913年，纽约，大都会艺术博物馆

藏品完整的义务：这成为当时艺术界的一个重大事件，也引起了一些巴黎杂志的共鸣。

1913 年 12 月 9 日，雅克马尔 – 安德烈博物馆向大众打开大门，立刻受到评论家们的一致好评，他们赞扬了艺术品的原创性和卓越的价值。里昂大学艺术史教授、优秀鉴赏家埃米尔 · 贝尔托立即着手准备整理收藏品目录和开展相关的摄影活动。内尔在她生命的最后阶段也举办过类似的活动，召集了许多重要的学者和摄影家。可惜的是，这项伟大的计划没能在她去世前完成，但这个提议进一步证实了她想把自己的藏品公之于众的想法，甚至考虑到了要用合适的方式来覆盖到更广泛的公众。

弗朗索瓦 · 布歇，《梳妆的维纳斯》，约 1760 年，雅克马尔 – 安德烈博物馆

收藏家：爱德华·安德烈和内尔·雅克马尔

爱德华·安德烈（1833—1894）生于巴黎，父母是埃内斯特·安德烈和路易斯·科蒂尔。他的家族源于尼姆市，几代人经商，不到半个世纪就成为法国最富有的家族之一。但其后代没有继续家族事业，转而开始了军事生涯。三十岁时，年轻、英俊、优雅的爱德华不安于现状，辞去军职开启了政治之路，接替父亲成为众议员。但很快，他对政治生活感到很失望，从公众事务中退出，全身心地投入他的艺术项目中。作为家族财产的唯一继承人，他从小就出入拍

让·巴普帝斯蒂·卡尔波，《爱德华·安德烈半身像》，1863 年，巴黎，奥赛博物馆

卖行，培养了对18世纪和当代法国艺术的个人审美品位。1872年，爱德华收购了著名的《美术报》，成为主编，并当选为工业应用艺术中央联盟的主席。他在这个人生阶段，经验丰富、人脉广泛、经济实力雄厚，于是便委托了建筑师帕朗在奥斯曼大道上建造了这独特的宅邸。

也正是在这个时期，爱德华和内尔的生活第一次产生了交集。

在非常不同的社会背景下，内尔·雅克马尔（1841—1912）出生在第十区，巴黎最受欢迎的地区之一。内尔从小就展现出非凡的艺术天赋，并成为一名广受欢迎的肖像画家，于1868年到1870年

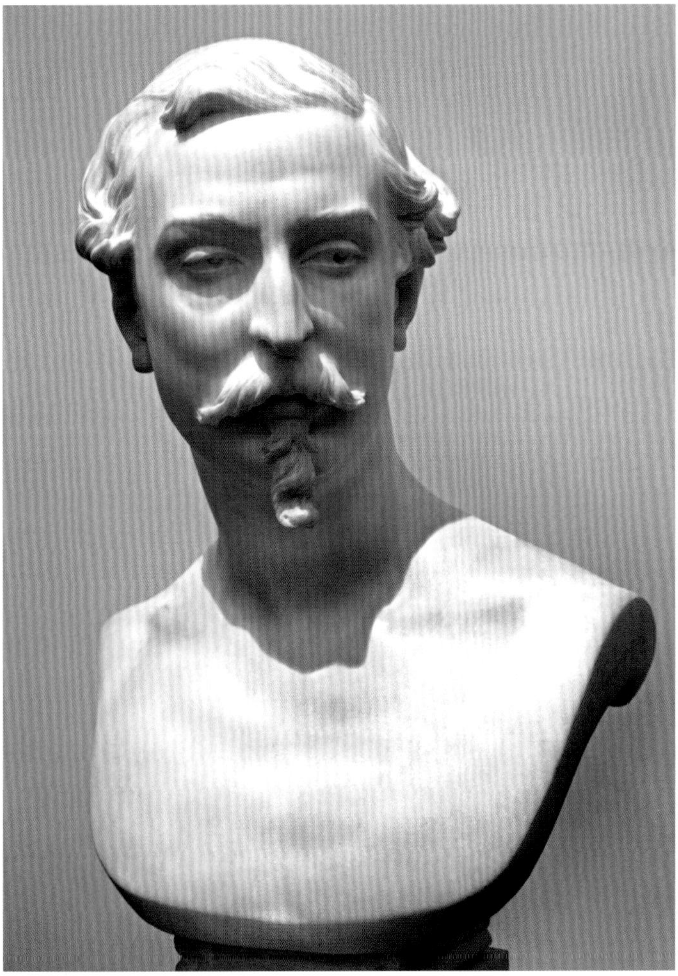

赫尔曼·温特豪德，《埃内斯特·安德烈的肖像》，巴黎，雅克马尔－安德烈博物馆

间在沙龙上获得了三次奖牌。她的个人成长和教育得益于一些友人，尤其是和罗泽·德·瓦特里——一个强大银行家族的继承人的情谊。多亏了他的支持，年轻的内尔——毫无疑问是一个内心坚定的女强人，对自己的肖像画充满信心——成功融入了巴黎贵族和资产阶级的精英圈子，这种不容忽视的社会关系的转变，对她今后的职业生涯也有着重要的意义。

正是由于内尔作为画家的名声在外，1872 年她邂逅了爱德华，后者委托她画了一幅肖像。1881 年，他们正式结婚，这是一个备受关注的事件，考虑到新娘的出身，这段婚姻在巴黎沙龙中并不被看好。出

安东尼·凡·戴克，《农神剪丘比特的翅膀》，约 1627 年，巴黎，雅克马尔－安德烈博物馆

乎所有人的意料，这对夫妇基于尊重、信任和坚实的共同爱好，建立了一段持久的婚姻。婚后的十三年中，他们经常在伦敦、慕尼黑和维也纳停留，每年冬天都会在意大利待上几个月。在旅行中他们经常会拜访如格兰迪、西蒙内蒂、辛波利尼和巴尔蒂尼等古董商人，因为两人希望能增加意大利作品的收藏，而这些古董商人刚好能满足两人苛刻的要求。

他们之间的联系还能从这座博物馆的名字中看出来，博物馆以夫妇的姓氏命名，就像是一个单词一样，正如他们两个知道如何在生活中融入自己的特点来实现他们与众不同的梦想。

伦勃朗，《阿特米谢，哈利卡那索斯的女王》，1634 年，巴黎，雅克马尔－安德烈博物馆

收藏

法兰西学院派

对法兰西学院派的热爱始终伴随着爱德华·安德烈，他在年轻时就购买了一些作品，并偏爱18世纪和当代艺术品。然而随着时间的推移，和内尔达成一致后，为了保证收藏品的一致性，这些早期的收藏品大多被出售了。他对法国18世纪作品的热爱十分广泛，从半身肖像画（大多展示在大客厅），到由知名制造商哥白林和博伟制造的挂毯产品，再到其他绘画：有洛可可风格的精美作品，如布歇的“性感的维纳斯”或弗拉戈纳尔创作的精致的场景，也有格勒兹的精美肖像画和夏尔丹的静物画。

让·巴蒂斯特·西梅翁·夏尔丹，《科学的属性》，1731年

荷兰和英国学派

除了法国绘画，宅邸的一层还收藏了大量的荷兰和英国艺术品。伦勃朗、凡·戴克、哈尔斯、雷斯达尔、德·布雷的杰作在图书馆的红墙上令人瞩目，这里曾经是内尔·雅克马尔的卧室。这些作品代表了荷兰伟大的艺术风格，由爱德华精心挑选，与随后收藏的法兰西艺术紧密结合，这也遵循了他们挑选作品的一个前提：通过这种方式加强收藏品之间的连贯性。而对18世纪英国肖像画十分热爱的内尔，在丈夫去世后，她近乎疯狂地投身于对这类藏品的扩充，并在英国停留了很长一段时间。在那里，她收购了很多英国画作，包括雷诺兹、

伦勃朗，《一个女人的肖像》（《萨斯基亚》），1632年

庚斯博罗、劳伦斯的作品，这些作品现在展览于宅邸精致的吸烟室中。

意大利学派

但是，这对夫妇真正热爱的始终是意大利艺术：依照完全统一的意图，在十三年的婚姻中，他们成功地收集了在法国仅次于卢浮宫的藏品。他们的兴趣从 15、16 世纪的威尼斯和佛罗伦萨画派到贝尼尼的巴洛克风格，再到 18 世纪的提埃波罗、卡纳莱托、帕尼尼的个人作品风格。

这些作品大部分都被收藏在建筑二层的三个宽敞的房间里：雕塑厅、佛罗伦萨厅和威尼斯厅。这个“意大利博物馆”根据现代标准进行陈列，很快在世界各地的爱好者中闻名，尽管只在少数人面前和特殊场合中展示过。

对意大利艺术的热爱促使这对夫妇多次前往亚平宁半岛，在那里长期居住，并与古董商和艺术评论家保持稳定的关系和密集的通信往来。他们总是谨慎地做出选择，当他们对采购的作品不满意时会毫不犹豫地退回给卖家。

家具和装饰品

博物馆中其他重要的藏品还有家具和装饰品：路易十五和路易十六时期的家具，卡朋蒂埃制作的扶手椅，里厄泽纳、豪尔设计的箱柜，红木、乌木等珍贵材料制作的柜子和桌子，它们都是独一无二的，并且上面通常摆放着精致的中国和日本的玉器和瓷器。高加索和波斯地毯、伊斯兰古董和一盏 16 世纪的叙利亚珐琅灯使这座博物馆成为巴黎最有趣的古董家具的收藏点。

杰罗拉莫·莫切托，《希腊天文学家托勒密的站立肖像》

主要馆藏

布锡考特大师

《布锡考特元帅和妻子在圣母圣子前祷告》
约 1410
羊皮纸细密画　27.4 cm × 19 cm

让·勒迈格雷二世还被称为布锡考特（1366—1421），是法国查理六世随从中的佼佼者，被查理六世任命为热那亚共和国的总督。他是一个非常虔诚的人，这一品质体现在他每日都会使用《时祈书》祈祷上。

这幅作品的手稿是由一位至今仍不为人知的画家创作的，这位画家也因此得名"布锡考特大师"。这位艺术家是15世纪早期最重要的细密画画家之一，和林堡兄弟一起为约翰·贝里公爵服务。他对当代和后世的画家产生了深远持久的影响，如佛兰德斯画家和让·富盖。画中的布锡考特与他的妻子——一个富有的普罗旺斯家族继承人安托瓦内特·杜伦一同祈祷。画面上方，在光芒四射的太阳的中间是圣母和被祝福的圣子，他们被一群六翼天使包围着。周围的天使都带有让·勒迈格雷二世和他妻子的徽记，他们跪着的布料上也印有同样的标记。在这幅绚烂的整页细密画中，我们可以欣赏到大师及其合作者的画作风格及非常精细完善的技术，画作采用了大量珍贵的颜料，如青金石、金和银等。

巴黎雅克马尔－安德烈博物馆

杰作解析

让·勒迈格雷二世是一个虔诚的人。他的传记作者，可能也是他的私人神父，说他经常一天做两次弥撒和祷告。

天空和主要人物，如圣母的衣服的深蓝色是从青金石中提取的。它是整个中世纪最昂贵和珍稀的颜料之一。

布锡考特大师的高产表明他很有可能是一个专业团队的负责人，因为这样才能满足富有客户的需求。

至于元帅的盔甲，画家使用了银色来展现金属的光泽。

布锡考特大师的特点是对人物肤色的精雕细琢：皮肤最浅的颜色是通过非常细的影线衬托出的色调。

大师的细密画包含很多创新之处，例如使用渐变来赋予天空层次（空中透视），更加传统的装饰风格体现在丰富的装饰图案中。

多纳泰罗

《一对天使》
约 1436—1438
青铜雕像　高 67.5 cm 和 57.5 cm

这对非凡的天使雕像是多纳泰罗在意大利境外保存的最重要的作品之一。它们最初位于卢卡·德拉·罗比亚的雕塑作品《唱诗班》的上檐，现存于佛罗伦萨主教堂博物馆。这个作品是多纳泰罗于 1432 年受到的委托，为了衬托佛罗伦萨大教堂内北圣器室入口上方的管风琴而建造的。

这对青铜雕像的品质极高。它们最初是作为对称雕塑而创作的，但并不完全相同，为了能全方位的观看这对天使，它们的翅膀都经过了精雕细琢。两个小天使呈坐姿，一条腿搁在底座上，另外一条腿在天平上，身体弯成优雅的弧度，而旋转近乎 90 度的头部显得尤为突出。这种复杂的姿势遵循了螺旋形结构，同时赋予两个小天使极大的张力和活力，好像它们刚刚降落或者即将再次起飞。这种鲜活的张力是多纳泰罗作品的灵魂，完美地体现在两个天使俏皮而有趣的造型中。它们的双手都紧握着一个用来固定蜡烛的底座：其实际功能是照亮大教堂的管风琴。这架管风琴在 1439 年佛罗伦萨的主教会议上被奏响过。

安德烈亚·曼特尼亚

《圣杰罗拉莫和图卢兹的圣路易之间的圣母和圣子》

约 1455

木板蛋彩画 69 cm × 44 cm

圣母和圣子构成了本画的核心。圣母温柔地拥着圣子，圣子站在大理石栏杆上，轻轻地向后靠在圣母的肩膀上。这种不寻常的人物位置是画家用来展现自己透视能力的方式，也表现了耶稣从下往上的一瞥。同时，这种构图又将圣人平民化，凸显了母子之间的情感纽带。圣母的右边是圣杰罗拉莫，红衣主教的发冠和书是他的特色，而在另一侧的是图卢兹的圣路易，年轻的方济各会主教、西西里国王卡罗·丹焦的儿子。这两个角色的姿态各异，是画家为了打破对称精心设计的。

尽管这件作品之前被排除在曼特尼亚的作品之外，但现在大家对这件作品的归属已经没有疑问了。这幅画的品质之高还体现在画家对于细节的关注上，例如圣母披风的材质是一种非常华丽的锦缎，圣杰罗拉莫的书是镀金的。

杰作解析

这部作品原是特奥多罗·莱西（布雷西亚人）将军的收藏。

水果花环是一种装饰元素，是曼特尼亚在帕多瓦接受教育的体现，15 世纪 40 年代他师从画家、收藏家弗朗切斯科·斯夸尔乔内。

交叉的手是一种赋予画作人物自然真实感的有效手段。

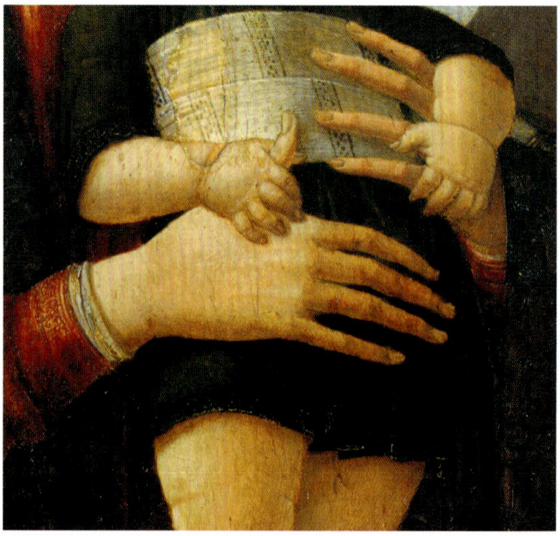

圣母的披风落在大理石栏杆之外，这是画家为了使真实空间和画面空间建立联系而采取的手段。

圣徒的头和背景中的拱门重叠，展现了图像空间的延伸。

曼特尼亚对于细节的关注还体现在圣杰罗拉莫的书上，其切面是由笔尖勾勒的镀金纹理。

圣徒是由委托人选择的，他或许是一位帕多瓦人文文化的拥护者。

阿莱索·巴尔多维内蒂

《朝拜圣婴》
约 1455—1460
布面蛋彩画　90 cm × 74 cm

圣母正双手合十向圣婴朝拜，她坐在斑驳的大理石栏杆上，温柔地将圣婴放在自己的膝盖上，充满感情地看着他。而圣婴则被裹在布条里，一直包裹到脚，收紧处是一根扎在胸部的红色布条，但他的手臂是自由的，正不自觉地伸向母亲。除了栏杆，背景一直延伸到视线不能到达的地方，体现出太阳的照射：倾斜的阳光照射在山底部的岩石上，这些看起来孤零零的岩石，在晴朗的天空下竖立在海中。

巴尔多维内蒂画作的精致之处可以很容易地从圣母玛利亚的勾画中看出来，人物根据他早期其他作品中的模型重塑而来：精细的笔触勾勒出她温柔的脸庞，辅之以恰到好处的阴影修饰；头上戴着透明的面纱，轻轻地落在她的金发上。作为佛罗伦萨起源的文艺复兴的代表人物，巴尔多维内蒂的透视技法体现在圣母和圣婴的光环上，在画中完美地微缩成了闪亮的金盘，以此凸显主角的头部。此外，圣母玛利亚礼服的镀金边缘也是通过闪亮的光泽来表现的，如同金属制成的一样，这些都体现出了画家在绘画过程中对光影效果的敏感度。

保罗·乌切洛

《圣乔治屠龙》
约 1465
木板蛋彩画　103 cm × 131 cm

画中的圣乔治骑着骏马，毫不犹豫地迎战折磨利比亚市居民的恶龙。正当怪物准备发起攻击，张开血盆大口伸展双翼时，这位战士用锋利的长矛给予了它致命一击。画面的左侧是一位公主，她是利比亚国王的女儿，也是被抽中献祭给恶龙的祭品。年轻高贵的公主衣着优雅，没有慌乱，正双手合十地祈祷，见证了整场战斗。后面是更为开阔的背景：大片的耕地一眼看不到尽头，远处是城市的塔楼。黑暗且充满威胁的天空增加了神秘的气息，笼罩着整幅画。一些令人好奇的细节丰富着画面，比如城门前的三个不动的人物，远看几乎不可见。

圣乔治和龙的故事源于雅各·德·佛拉金所著的《黄金传说》，是保罗·乌切洛经常采用的主题，也是一个特别适合他来展现世界奇特表象的主题，介于哥特式艺术和文艺复兴艺术之间。这幅作品大概是1465年受佛罗伦萨商人洛伦佐·迪·马泰奥·莫雷利委托所作。

维托雷·克里韦利

《圣博纳文图拉和信徒》

约 1485

木板蛋彩画　135 cm × 73 cm

圣徒站在画面的中央，温柔而忧郁地看向右手紧握的愈创木：耶稣的十字架上长出了一株小树，每一个分枝都象征着救世主的品格。维托雷用这种方式来体现圣博纳文图拉的品质，是参考了圣人 1274 年的著作，这也是此种肖像主题的起源。至于所描绘的其他元素则暗指博纳文图拉在他生命中所担任的职务——主教、红衣主教，还是一位神学家，棕色的长袍则强调了他在圣方济各会里几乎可以说是第二位缔造者的地位。这幅木板画的另一寓意与小修士联系在一起，体现在画中圣方济各会的小信徒跪在圣徒的脚下。这幅画包含了维托雷画库的典型元素：源于帕多瓦的水果垂饰，优雅的锦缎窗帘、树篱和栏杆，在上面用翻转透视描绘了一些实物，其中一根黄瓜尤为突出，带有复活的寓意。

维托雷的职业生涯深受比他有名的兄弟卡洛·克里韦利艺术风格的影响，并在这幅画作上展现得淋漓尽致，主要体现在人物华丽的长袍上，长袍由一颗突出的扣子系住，扣子看起来像一颗珍贵的宝石。

OPVS VICTOR CRIVELLIV VENETII

卡洛・克里韦利

《使徒圣保罗、圣奥古斯丁（？）和圣布鲁诺（？）》

1493

木板蛋彩画　30 cm × 91 cm

这幅画在雅克马尔－安德烈博物馆另一幅木板画（描绘了图卢兹的圣路易、圣杰罗拉莫和圣彼得）的旁边，是圣母加冕时圣坛装饰屏下方绘画的一部分，之前位于马尔凯地区法布里亚诺圣方济各教堂的大祭坛上。该作品由卡洛・克里韦利于1493年创作，1741年发生的灾难性地震后从教堂移走，被拆解并在古董市场上出售。

圣徒都转向左边，因为最初在那个位置，即圣坛的中央，是基督祝福的形象，中间的部分现存于罗马的圣天使堡博物馆中。每个人物都嵌在用方石制成的拱门中：在这个小小的空间里，三个人物栩栩如生，仿佛要从画里走出来，进入到我们观看者的真实空间中。即便是区分他们的物体，如书籍和主教冠，也都突出在前景中的窗台之外，类似的还有悬挂在拱门间的极具戏剧张力的水果花环。空间错觉，加之充满活力的装饰主义和人物鲜活的表征，都是卡洛・克里韦利的艺术特点，也是对起源于亚得里亚海文艺复兴的最原始诠释。

西玛·达·科内利亚诺

《圣母与圣子》
约 1493
木板蛋彩画　43 cm × 33 cm

圣母怀里抱着圣子，坐在高高的墩座墙上，墩座墙上的线条装饰框和齿饰清晰可见。实际上，这幅画是沿着边缘切割下来的，它本应和下面的部分连在一起，下面很有可能是一个置于前景的大理石窗台，大理石窗台经常出现在这位画家创作的同主题的作品之中。在圣母和圣子的背后，一块祭祀绸缎将人物和后面的风景隔开。对此举的广泛观点是画家试图统一背景，使背景从左到右，从平原到山丘仿佛没有中断一样。圣母与圣子通过姿态和爱抚传递出的情感交流跃然纸上，圣子伸出了一只手臂去拽圣母的外衣，仿佛想要把自己盖住：这是一种极具意义的象征性行为，预示着基督受难时是圣母玛利亚挡在他的身侧。圣母的表情严肃而又安详，暗示了耶稣的救赎使命以及自己对这一结局了然。

这幅画看起来像西玛·达·科内利亚诺的早期作品。早在 15 世纪 80 年代，他就经常拜访威尼斯画派大画家的工作室，如乔凡尼·贝利尼和维瓦里尼等，这些画家是他形成自我风格的重要参考。

维托雷·卡巴乔

《亚马孙族女王希波吕忒向忒休斯传信》

约 1495

木板油画　102 cm × 145 cm

博物馆的威尼斯厅中主要陈列了宗教主题的作品，这幅作品因其少见的世俗主题而有着特别突出的地位。爱德华夫妇在购买这幅画时并不知道它的主题，其实这幅画的灵感来源于薄伽丘《十日谈》的第一章。希波吕忒——亚马孙族的女王，来到了敌人雅典国王忒休斯的领土，向他提出联盟。她骑着骏马位于画面的中央，庄重地走向国王的记录员。金色的长发、优雅的服饰和动作凸显了希波吕忒的皇家气质，只有龙形的头盔才能让我们想起她其实是一位可怕的统治者。这一点同样适用于其他人物：跟随女王的女战士都是穿着华丽的金发女郎，与坐在年迈的忒休斯身旁的年轻纨绔子弟形成鲜明对比，后者坐在由花环和名贵毛毯装饰的柱廊里。

这幅作品和同时期卡巴乔的另一名作《圣乌尔苏拉组画》一样，充分体现出了画家精致的特点，本应该是战争中对峙的敌人被他演绎成精致的世俗文化，充满了 15 世纪威尼斯的各种细节。

安德烈亚·曼特尼亚

《看这个人》
约 1500
亚麻布蛋彩画　54 cm × 42 cm

基督耶稣几乎占据了画作的整个空间。他位于中心直立着，面向人群准备接受宣判和承受人类所有的苦难：他的手腕和脖子被绳子绑住，头部被荆棘刺伤，浓稠的血不断地滴下。受佛兰德斯艺术的影响，曼特尼亚的兴趣集中在对上帝之子受难的渲染上，画家的笔触还集中在人物那被鞭子抽打的瘦削的胸口上。基督目光忧郁，几近顺从，但身形仍保持着雕像般的挺拔和高贵，柔和而明确的明暗对比突出了这一点。相反，围绕着他的控诉者的肖像画显得格外无情：脸上像是戴着怪诞的面具，布满皱纹充满讽刺的神情。

半身像的尺寸和在一个压缩的空间里人物间的鲜明对比让人物看起来更为伤感，这一点与雇佣画家作画的客户虔诚的心不谋而合。顶部纸片上的字强调了这个场景的意义："将他钉在十字架上，将他钉在十字架上，将他钉在十字架上。"重复的话语像是从右边无牙的老妇人嘴里说出来的，引起了人群中的一片附和，愤怒的人们不断要求给耶稣执行死刑。

CRVCIFIGE EVM
TOLLE EVM
CRVCIFIGE CRVC
CRVCIFIGE EVM
CRVCIFIGE TOLLE
EV̄ CRVCIFIGE

乔凡尼·贝利尼

《圣母和圣子》

约 1510

木板油画　131 cm × 103 cm

在内尔和爱德华夫妇去世后，权威艺术史学家伯纳德·贝伦森才确定了这幅作品是由乔凡尼·贝利尼创作完成的。虽然这幅画因为过度清洁而有所损伤，但仍然显现了非凡的品质，这都要归功于贝利尼以及他的合作者们。圣母坐在台阶顶部高高的王座之上，圣子在她的膝盖上站立着祈福。在背景铅灰色的天空下，是一片延伸的荒芜阴沉的山丘，山丘上只有两棵树；一棵完全干枯了，而另一棵则郁郁葱葱：它们暗示着基督赐福拯救人类。

这幅画里有很多元素能让人联想到贝利尼的晚期作品，例如用重叠的木板构建的台阶，背后有建筑物的王座，在柱子上的栏杆，可以看到帷幔被绳子以一种不同寻常的方式悬挂起来，帷幔的两侧也显露了出来。即便是落在台阶上，长袍的褶皱也能体现出大师成熟时期的风格，尤其在他职业生涯的最后几年深受北欧绘画的影响。

安东尼·凡·戴克

《老人肖像》
约 1620
布面油画　117 cm × 98 cm

对于雅克马尔－安德烈博物馆来说，这件作品是一个意外所得，购买时这件作品并没有被专家认出，后来才被柏林博物馆馆长威廉·冯·博德辨认出是出自这位伟大的佛兰德斯画家之手。

这是一位长者，或许是一位地方行政官的近乎全身的画像，他坐在一个镶满铆钉的扶手椅上。温暖柔和的光线照在他的手和脸上，与亮黑的帽子和宽松华丽的黑色长袍形成了对比。和凡·戴克早期的许多肖像画一样，在深红色的帷幔前的主角，与右边的柱子和远处朦胧的景致，都参考了威尼斯画派的精髓，尤其受到杰出榜样提香的影响。凡·戴克最初是通过老师彼得·保罗·鲁本斯知道提香的，后来经过几次意大利的旅行，更加深入地了解了他的作品。

沉稳端正的坐姿，再加上严肃而庄严的面部表情，凡·戴克运用现实主义手法塑造了人物的性格和特点，体现出自己非同凡响的个性肖像画创作能力。

乔凡尼·洛伦佐·贝尼尼

《教皇格雷格里奥十五世半身像》
1621—1622
青铜雕像　高 78 cm　带底座

这座教皇格雷格里奥十五世又称亚历山大·卢多维西的半身像是 17 世纪早期罗马著名的艺术资助者和收藏家斯皮昂·伯吉斯王子委托贝尼尼创作的。这座青铜雕塑遵循了反改革时期教皇半身像的要求，包括在礼拜状态下对教皇的刻画。格雷格里奥露出了头，就像在宗教仪式中一样，身着代表着身份的服饰：一眼就能看到无袖长袍，和圣彼得以及圣保罗的形象一样，修饰得十分华丽。他的胸部轮廓结实，但看不出来手臂的运动。贝尼尼在最大程度上精细雕刻，突出了格雷格里奥的头部。雕塑家用写实的手法捕捉到了这位教皇脸上每一个细微的表情差别，并最终定格在他面向某个人时——教皇眉头微微皱起，目光凝聚，嘴巴微张，好像要说话一样。

除了文献证据以外，这件作品体现出的高品质也能看出是出自大师的手笔：雕塑家照顾到了每一个细节，重现了人物所有的性格特征，向世人展示出了一个高贵且端庄的人物形象。

这座半身像是乔瓦尼·洛伦佐·贝尼尼在二十岁出头时塑造的第一个官方教皇肖像。

创作这件雕像时，教皇已经年迈：贝尼尼考虑到了这一点，于是塑造了一个伟岸但迟暮的形象。

格雷格里奥十五世的嘴张开着，似乎正在说话。贝尼尼本人在职业生涯晚期，将这个瞬间定义成表达人物个性最好的时刻，以取得更真实、更令人满意的效果。

雕塑的底部仍是最初的，卢多维西的徽章清晰可见。

颈布是一种用于礼拜仪式的服饰，是一块覆盖颈部的白色亚麻布，宗教人员通常会在宗教仪式中穿戴。

圣彼得和圣保罗是使徒之首：圣彼得是耶稣挑选的教会中流砥柱，也是第一位教皇，而圣保罗是《福音书》里异教徒中最伟大的传教士。

青铜雕塑的最后一个步骤是洗净：在这个过程中，贝尼尼将浇铸的雕塑打磨和清洗，力求最人程度的呈现真实感和细节。

伦勃朗

《以马忤斯的基督》

约 1630

纸上油画转印到木板　37 cm × 41 cm

在这幅早期的杰作中，伦勃朗描绘了在以马忤斯的基督的形象，这是 17 世纪经常使用的肖像画主题，这位荷兰大师曾多次描绘过这个主题。

伦勃朗发现并重新诠释了卡拉瓦乔明暗对比手法的力量和戏剧张力，这也成为这幅画的主旋律。由于光影的效果，朝圣者之间共享的简单餐食成为基督和他的门徒们的重要启示。耶稣靠着墙侧坐着，手里拿着面包；身后投射过来的光使他的身形缩成了一个剪影，在他周围形成了一个明亮而又超自然的光环。通过这种具有强烈情感冲击的手法，伦勃朗设法让人感受到基督神圣的本质，已经成为一种精神层面的存在。有一个门徒在阴影中，跪在救世主的脚下，而另一个门徒完全暴露在强光下，他脸上介于吃惊和害怕之间的表情充分表达了他们遇到了奇迹般的事情。画面背景中还有一个人：昏暗的灯光映照出一个在厨房中忙碌的女人的轮廓，体现出环境的恶劣，却赋予了基督具有普遍意义的重要启示。

让・瓦林

《红衣主教黎塞留半身像》
约 1640
青铜雕像　高 94 cm

让・瓦林来自列日，是 17 世纪最伟大的纪念章雕刻家之一。因为他的创作和创新能力，使他尝试了新的铸币方式。很少有人知道他还是一位雕塑家，他创作了法国王室和教廷中著名人物的半身像，如红衣主阿尔芒・让・迪普莱西・德・黎塞留半身像，而黎塞留也是其主要的资助人。

作品刻画了这位红衣主教的正面像，头部微微偏转，头发带有波纹，像是被风吹散的一样：这些都是赋予肖像画最大真实感的明智做法。黎塞留的面部表情严肃，与他大权在握的身份相匹配。瓦林还注意还原了红衣主教的服饰，通过不同的青铜表面处理手法再现了毛皮覆盖在黎塞留肩膀上的质感。这些现实主义的痕迹也能从布满皱纹的脸部细节看出来，体现出了这位雕塑家接受的佛兰德斯艺术教育。但是肖像画不可能做到理想化，这位红衣主教并不像实际那样瘦弱且处于风烛残年：显然展示一个强大的政治家的标志性和代表性形象占据了创作中的上风。

弗兰斯·哈尔斯

《坐着的男子肖像》
约 1660
布面油画　90 cm × 69 cm

内尔在她去世前不久收购了这幅弗兰斯·哈尔斯的画作，完成了爱德华·安德烈一生追求的荷兰派杰作的收藏。我们并不知道画的是谁，但应该是一位富裕的荷兰资产阶级的代表，哈尔斯毕生都在为这个群体工作，他画了很多哈勒姆圣路加公会的成员，他自己也是其中的一员。画中人物脸上的笑容、坚定的神情、手臂搁在椅背上随意的姿势都表达了这个人对自己社会地位的自豪感和充分认可，展现了那段经济繁荣的历史时期，那段时期被后人称为“荷兰的黄金时代”。男子四分之三的身体轻微转动打破了画面的静态，仿佛他突然转向画家：这是哈尔斯使用的让肖像更自然的一种表现手法。

这幅画属于艺术家晚期的作品，他放弃了传统的绘画技术，转而采用快速坚决和充满活力的笔触渲染出更加随性而真实的效果，追求了一种更为现代的绘画方式。这幅画的手法和色彩在荷兰没有流行起来，但预示了 19 世纪下半叶诞生在法国的另一个伟大的艺术流派——印象派。

雅各布·凡·雷斯达尔

《哈勒姆郊区风景》
约 1660
布面油画　39 cm × 41 cm

画家从一个较高的位置注视着哈勒姆郊区开阔的乡村，这也是雅各布在他职业生涯中画过很多次的一瞥。大自然是这幅画毫无争议的主角，它展现出自己的力量，远离了阿卡狄亚和理想化的愿景。平坦的广阔区域不断地延伸，几乎看不到地平线上的一些建筑，而在太阳照射的空地上，被毁坏的城堡的白色石块位于画面中央。天空主导了这片狭窄的土地，占据了几乎四分之三的画面，飘幻的浮云时而浓密时而稀薄，让阳光透了过来。面对如此壮观的景象，前景里描绘的两个人，在两个房子附近被周围的树木所遮挡，构成了一种几乎难以察觉的存在，唤起了人类被大自然所淹没的悲剧感。

在荷兰黄金时代众多伟大的艺术家中，雅各布将风景画这个类型提升到了重要的艺术水平，将其转化成一种不安和浪漫夹杂的内心景象，对 18 世纪和 19 世纪之间的英国、法国和美国的风景画家产生了很大的影响。

弗朗索瓦·布歇

《沉睡的维纳斯》

约 1730

布面油画　143 cm × 96 cm

弗朗索瓦·布歇是一位能完美表现诠释和传播洛可可风格的画家。他是一位多产且多才多艺的艺术家，他创造出了自己的绘画语言并让它适应各种客户的需求。他为了满足法国王室的要求做出了努力，尤其是蓬帕杜夫人，这让他在 1765 年获得了国王的首席画师和皇家美术学院院长的双重使命。

这幅布面油画被认为是另一幅画（也保存在博物馆中，描绘了梳妆中的维纳斯）的续作，布歇描绘了女神生活中的一个片段，也是他最钟爱的主题之一，一个完美的场合突显一个美丽女人的性感和放荡。维纳斯以婀娜的姿势睡在轻薄的丝绸之中，巧妙地与椭圆的画面相融合；而画家选择的色彩范围也与画作的洛可可风格完美匹配。虽然这个主题被布歇多次使用，但这幅作品本身仍然显示出画家为了探寻正确的构图而做出的巨大努力。画作其实存在一处悔改或者说一种修订：起初，维纳斯左手拿着两支箭，现在还能看到一些痕迹，后来被更珍贵且适合的珍珠项链所替代了。

让·巴蒂斯特·西梅翁·夏尔丹

《艺术的属性》
1731
布面油画　140 cm × 220 cm

这幅作品和另一幅收藏在雅克马尔－安德烈博物馆的作品《科学的属性》，都属于1731年夏尔丹为康拉德·亚历山大·冯·罗森堡伯爵创作的六张画系列。对于夏尔丹而言，这幅画的形式非比寻常，他从未在这种大尺寸的布上进行过创作，但这是客户的要求。创作这幅画和同系列的其他五幅画是为了挂在伯爵在巴黎宅邸的图书馆的橱柜上。同样，夏尔丹在创作这幅画时使用的绘画技巧也是考虑到了它要挂在高处：果断的笔触和明亮对比的色彩显然都是为了让人从远处观看它。

在画作的中央，在一大片红色天鹅绒布前，有一个古老的石膏肖像；周围摆放着各种各样的物品，大多数指向艺术创作活动：带有彩色画笔的调色板，白色和蓝色的绘画纸卷，还有雕塑家的石雕锤。还有其他的艺术作品丰富了整个画面，是17世纪艺术家创作留存下来的作品。在前景中，一棵种植在华丽花盆的橘子树旁，有一只在尝试用红粉画笔作画的猴子。

杰作解析

这幅画的主题经常被夏尔丹使用，也创作了不同版本，为了保证艺术的多样性描绘了不同的人物。

夏尔丹在画作上签了名并署上了时间“1731年”；在同一年，他娶了玛格丽特·桑塔尔为妻，并生下了儿子让·皮埃尔。

无论从方形的形状还是颜色的选择上看，栏杆上的调色板正是画家这几年使用的。

青铜的浅浮雕引用自《天使的酒神节》，这是佛兰德斯雕塑家弗朗索瓦·杜克努瓦的一件名作，现存于巴黎美术馆。

猴子因其具有重复人类行为的能力被认为是卓越的模仿者。它的存在暗示了试图模仿自然之美的艺术虚荣。

画中的石膏像有可能是现存于巴黎马萨林图书馆的《捍卫者》，这件作品属于红衣主教马萨林的私人收藏，他是黎塞留的继任者。

左边的场景由一个具有路易十四风格的花盆封闭住，把手上有个坐在狮子上的天使。它是用青铜再现了金匠克劳德·巴林的花盆，它原来是用来装饰凡尔赛宫花园的，现存于皇家博物馆中。

让·马克·纳蒂埃

《昂坦侯爵夫人弗朗索瓦·雷内肖像画》
1738
布面油画　118 cm × 97 cm

在雅克马尔－安德烈博物馆收藏的众多肖像画中，这幅弗朗索瓦·雷内的肖像画是最著名的作品之一，这要归功于画中的主角，美丽的侯爵夫人和让·马克·纳蒂埃精致的画风。弗朗索瓦·雷内是法国海军上将昂坦侯爵的新婚妻子，她坐在橡树下，与自己的宠物——一只狗和一只鹦鹉玩耍。绘制在对角线上的少女的大幅度动作很好地展现了即时性，与主人公刚满十四岁的年龄相符。鲜花制成的花环点缀在她浅色的丝绸连衣裙和金色的头发上，而背景是一片开阔明亮的景象，运用了一些柔和的色彩，增强了作品的优雅感，突出了少女的天真无邪。

在这幅作品中，纳蒂埃展现出了自己色彩主义的天赋和品位，力求创造出一幅兼顾色彩、生动和细节的珍贵画作。作为路易十五世统治期间凡尔赛宫廷肖像画家，纳蒂埃重新诠释了肖像画这一绘画类型，摒弃了传统肖像画华丽的基调，转而采用了一种轻快的画法，由清新怡人的色彩来主导。

卡纳莱托

《圣马可广场》
约 1740
布面油画　45 cm × 76 cm

卡纳莱托以斜视的视角描绘了圣马可广场，科学精准地构建出纪念碑、建筑物细节、广场上的雕塑和光影分布之间的空间关系。画家平日坚持素描和写生练习，所以练就了他对细节的把控。

卡纳莱托是威尼斯风景画的杰出代表，曾多次描绘圣马可广场——威尼斯最受欢迎的景点之一，也是这座潟湖城市的真正核心。这也是画家从 1723 年到 18 世纪 40 年代初最常描绘的主题。和之前的画作比较，这幅作品展现出了画家对圣马可大教堂表面光线的深入研究，作为圣马可广场的主角，圣马可大教堂被描绘在画面的后端接近视线消失的地方。钟楼的影子延伸到中间的拱门和大圆顶上，而建筑物剩下的部分则被阳光照射着，天上只有一些稀薄的云。卡纳莱托注重每一个细节，例如画面右侧新行政官邸烟囱的细节，烟囱的形状投射到广场的几何路面上，这个路面是由建筑师安德烈·提拉里于 1723 年建造的。

詹巴蒂斯塔·提埃波罗

《行政官向民众宣告亨利三世的到来》
约 1745—1750
转移到布面的湿壁画　402 cm × 725 cm

这幅大型湿壁画和其他三幅（分别是迎接亨利三世和另外两个阳台上观众的场景）同样收藏在雅克马尔-安德烈博物馆的作品原来是孔塔里尼别墅（后为皮萨尼别墅）大厅的装饰，别墅位于威尼托布伦塔河的左岸。这对巴黎夫妇在威尼斯的一次旅行中看到了这些画作，哪怕在运输上存在着很大的困难都决定收购它们。

这幅作品描绘了一个真实的事件：1574 年，亨利三世从波兰前往巴黎即位法国国王，在威尼斯停留时，他受到行政官费德里戈·孔塔里尼的邀请，参观了他华丽的别墅。提埃波罗在一个宽敞优雅的连拱廊里描绘这次会面，与保罗·委罗内塞为位于马瑟尔的巴尔巴罗别墅创作的画作相呼应。身为洛可可风格的代表人物和纪念碑装饰大师，提埃波罗赋予了画作故事戏剧性的生命，其中每一个细节，例如场景中人物的态度和移动中的生物，都是为了增强叙事的活力。

杰作解析

湿壁画中的别墅受行政官弗朗西斯科·孔塔里尼的命令建于1588年，在17世纪变成皮萨尼家族的别墅。新的主人委托画家创作了一系列关于别墅的历史事件，尽管年代久远，但仍是能令他们骄傲，为别墅增光添彩。

装饰画是为了庆祝1745年文森佐一世塞巴斯蒂亚诺·皮萨尼和卢克雷齐娅·科尔内结婚而作，因此其场景都是上流社会的奢华基调。

在湿壁画的众多人物肖像中，我们能准确地认出身着白色礼服的新娘卢克雷齐娅·科尔内和她的父亲尼科洛·科尔内，以及行政官孔塔里尼。

为了再现所有的建筑，实现透视效果，提埃波罗与透视法壁画专家、费拉拉画家杰罗拉莫·门戈齐·科隆纳进行了合作。

绘制湿壁画前的草图已经成为私人收藏品了，其与最终的成画有一些不同：例如，草图中没有从拱廊下穿过的人物，而这个人物赋予了画面极大的动感。

提埃波罗在前景中画了一个坐着的年轻人，目的是创造一种更深层次的透视法，他的身体向后倾斜，双腿空悬，营造出了这一效果。

让·奥诺雷·弗拉戈纳尔

《戴贝雷帽的老头》
约 1760—1765
布面油画　53 cm × 42 cm

留着胡子的老人是18世纪法国艺术中常会出现的形象，不同的画家创作了不同的版本。弗拉戈纳尔也尝试了这一题材，这幅肖像画是表情像系列的一部，画家从18世纪60年代开始这个系列的创作。

灰色背景下，一个老人突然转头，好像画家在没有给他时间摆姿势的情况下捕捉到了他惊讶的表情。尽管画中人物年事已高，但弗拉戈纳尔仍然描绘了一个充满活力的形象，向我们展现了一个自豪且充满活力的形象：目光如炬，表情高傲果决，唯有嘴巴似乎透露出一丝不愉快。画家用彩笔快速地勾勒出了人物线条：脸颊泛红，胡须和泛皱的皮肤呈现出柔和的效果，可以看到笔刷留下的痕迹。肖像的背景使得男子的头部像是被一道温暖而强烈的光线照射着。如果说在主题上弗拉戈纳尔参考了伦勃朗和其他一些荷兰巅峰时期大师的作品，那么清晰的明暗对比和对比色的运用这些现代画法绝对是源自意大利学派，尤其是詹巴蒂斯塔·提埃波罗。

艾蒂安 - 莫里斯·法尔科内

《俄罗斯叶卡捷琳娜二世的荣耀》
约 1770
大理石雕像　高 102 cm

凭借法国艺术家在18世纪中期取得的国际声誉，法尔科内被邀请到圣彼得堡参与创作沙皇彼得大帝的骑马雕像。同时，他受到了符腾堡公爵的委托，创作了一尊女皇叶卡捷琳娜二世的雕像，后被雅克马尔 - 安德烈博物馆收藏。

一位年轻女子站立地低头看着民众，手里捧着女沙皇的巨大浮雕像，浮雕像的下面有一圈花环，并由一根柱子支撑着。浮雕刻画了叶卡捷琳娜二世的半身像，姿态严肃而雄伟，头上的月桂树冠是她荣耀的象征。在这座雕像的创作阶段，法尔科内参考了同时期其他人的作品，但最大的灵感来源毫无疑问是古代希腊罗马的雕像。这一点可以从捧着浮雕像的女性人物中看出：像希腊的胜利女神或阿芙罗狄蒂一样，这位女子身着宽大的束腰长衣，贴身的款式体现出女性的形态，下摆厚厚的衣褶展现了古典风格。从古典雕像中汲取的元素与洛可可风格的精致和特有的性感巧妙地融合在一起，这一点可以从露出的腿和从衣服中露出的乳房看出。

FALCONET Etienne-Maurice (1716-1791).
LA GLOIRE DE CATHERINE II (1765).

让·奥诺雷·弗拉戈纳尔

《模特的首次亮相》
约 1770
布面油画 50 cm × 63 cm

这幅画以生动而细腻的方式讲述了女孩第一次作为绘画模特的经历。这位年轻女孩坐在艺术家工作室的沙发上，旁边是一张空白的大画布，女孩怯生生地将她的手放在裙子上，挪开或者想要按住画家试图挑起的裙角。与此同时，一位年长的女士，也许是一位经验丰富的模特坐在女孩身后，优雅地将双臂环绕在她的肩膀上，拉低她的衣服，露出她的乳房。年轻女子窘迫的样子和僵硬的姿势，以及脸部的红晕和难以捉摸的目光，都显示出她第一次在画家面前摆姿势的尴尬。柔和光线集中在年轻模特的身上，使她的皮肤更为白皙，显示出她不可侵犯的纯真，光线还集中在她浅金色的头发上，与其他角色所穿的鲜艳衣服形成了对比。

弗拉戈纳尔是一位多才多艺的艺术家，他知道如何处理这样的宗教主题、肖像和放荡的室内场景，以一种几乎难以察觉的高雅的方式赋予这些作品生命。他的能力表现在能够用温暖而感性的色彩将颜色和谐地协调在一起。

弗朗西斯科·瓜尔迪

《威尼斯小广场随想曲》
约 1778—1780
水粉画　55.5 cm × 38 cm

在这幅赏心悦目的水粉画中，弗朗西斯科·瓜尔迪从柱子支撑的拱门下再现了对威尼斯的一瞥，将观众的空间和所描绘的空间分隔开来。场景充满细节，活力满满，忙碌着的人群展现了这座威尼斯典型广场上人们的日常生活。虽然画家插入了极具现实主义的元素，例如右边挂在窗户上的晾晒的衣服，但整个场景给人一种令人回味，不真实的感觉。清晰的光线和精致柔和的色彩营造出童话般的氛围，而轻巧的笔触渲染出的形状变得稀少且几乎渐渐消失。这幅画参考了卡纳莱托的众多作品，画家从中汲取了整体构图和场景透视的灵感，将观看者的目光推向远处，直到右边的一扇门，场景开阔光线充足，左边的高墙上花园里的树木正好显露出来。

从柱子支撑的门廊下描绘透视的想法同样来自卡纳莱托，他在自己的作品《从柱梁的透视图》中使用了这一想法，这件作品现存于威尼斯学院美术馆中。

玛丽·路易斯·伊丽莎白·维基-勒布伦

《伯爵夫人斯卡夫隆斯卡亚的肖像》
1790
布面油画　135 cm × 95 cm

作为那不勒斯宫廷中的一位重要俄罗斯外交官的妻子，伯爵夫人叶卡捷琳娜·瓦西里埃夫纳·斯卡夫隆斯卡亚是那不勒斯宫廷中的名人，因其出众的美貌而成为当时众多艺术家笔下的主角。然而从伊丽莎白·维基-勒布伦的回忆录中我们了解到，这位美丽的年轻女子实际上是一个懒散、肤浅、没有深度的人，但拥有无与伦比的魅力，画家使其流芳百世。事实上，维基-勒布伦是她这个时代最伟大的肖像画家之一，她有能力将优雅和美丽融入女性主题中，在此之前她征服了女王玛丽亚·安东尼埃塔，成为她最喜欢的画家。

伯爵夫人优雅地坐在沙发上，典雅的连衣裙凸显了她婀娜的体态和她珍珠色调的皮肤。画家放弃了自我审视的肖像，并利用叶卡捷琳娜毫无表情的目光，维基-勒布伦描绘了她梦幻而感性的姿势，同时出神地看着一个椭圆形的镜子，其中可能有她丈夫的画像。

这幅画一问世，便取得了巨大成功并被多次复制。由于法国大革命（为了推翻君主制）的爆发，勒布伦匆匆地离开了法国，在远离法国流浪的期间也曾多次描绘了这位美丽的伯爵夫人。

皮埃尔·保罗·普吕东

《查尔斯·路易斯·卡迪特·德·加斯科特肖像》

1791

布面油画　115 cm×89 cm

由普吕东签名并注明日期的这幅画的主人公尚不确定，因为查尔斯·路易斯·卡迪特·德·加斯科特是巴黎科学院的成员，也是一位慈善的光照派教徒，这两个身份与图中所描绘的高贵且得意的人物态度并不相符合。支持这一论点的另外一个证据是这幅画的草图，其中描绘了一个人手里拿着一封信；这一属性更适合一位作家或者一个恋爱中的年轻人，而不是像查尔斯·路易斯这样一位受人尊敬的科学家。这位画家好像抓住了人物骑马回来休息的瞬间：他以一种端正的姿势坐着，但表露出不羁和松弛感。他身着一套优雅的骑士装：一件艳黄色的上衣，一部分被黑色的外套和围巾挡住；男子的右手拿着一副手套，而左手则轻握着马鞭。

在这幅肖像中，普吕东展现了自己的新古典主义风格。新古典主义在伟大的意大利艺术的古典时期成熟，画家在18世纪80年代停留在意大利半岛的时候亲自体验并表达出了对这种风格的欣赏。

雅克–路易·大卫

《安托万·弗朗索瓦·德·南特伯爵肖像画》

1811

木板油画　114 cm × 70 cm

安托万·弗朗索瓦·德·南特是法国18世纪末至19世纪初的关键人物，他地位显赫，是拿破仑·波拿巴最有力的支持者之一。

这幅肖像画是安托万亲自委托大卫绘制的，以庆祝自己在1811年6月获得了法国荣誉军团大军官级勋章。因此，画家才非常细致地描绘了身着完整制服的他。为了圆满地完成这项任务，大卫提前向伯爵借了整套服装，这样他就可以还原服装的每一处细节，这是画家在他的职业生涯中多次使用的一种做法。骄傲果断的神情，坚定的姿势，双腿交叉，一只手稳稳地放在椅子上，都表现出了安托万的自豪，以及人物所取得的政治和社会地位。深蓝色的上衣和黑色的帽子与礼服的浅色部分形成鲜明的对比，凸显了不同色调的白色和织物的变化。画家没有刻画任何周围环境，而是运用了不同寻常的狭长构图，增强了肖像画的戏剧效果，赋予了南特伯爵重要的纪念意义。

弗朗兹·克萨韦尔·温特哈尔特

《身着皇家卫队制服的爱德华·安德烈》
1857
布面油画 147 cm × 102 cm

在这幅画中，温特哈尔特描绘了身着拿破仑皇家卫队制服的爱德华·安德烈：带有金色装饰的蓝色上装，红色长裤，右手拿着黑色羽毛皮帽，左手持剑。这幅作品展现了19世纪下半叶流行的绘画艺术，画家也成为最受贵族和资产阶级追捧的肖像画家之一，不仅在法国，更是在整个欧洲。事实上，温特哈尔特成功地表现了非凡的真实感，在这幅画中，画家展现了材质的多样性，如柔软的皮毛，富有光泽的武器和闪亮的珠宝。同样的细节把控还体现在对人物面部的刻画上：爱德华的肖像被刻画得很逼真，温特哈尔特巧妙地增强了他的贵族气质。模特的姿势也是经过精细调整的，为了追求舞台和戏剧的效果：收藏家呈四分之三侧面站立，眼睛看向观众，露出严肃而庄重的表情。

虽然温特哈尔特受到了欧洲皇室的极大欢迎，但他也被同时代的人所批评，他们指责他创作的肖像画做作且缺乏内涵。

传　记

艺术家生平

布锡考特大师

（不详，1390 年—1430 年）

15 世纪前 25 年活跃于巴黎，布锡考特大师的称号源于他的作品《让·勒迈格雷的黄金书》，让·勒迈格雷二世即法国元帅布锡考特。经许多工作室考证，这位画家是布鲁日人雅克·科恩，他在 15 世纪的前 10 年担任米兰大教堂建筑工地的总监，留在维斯康蒂家族。布锡考特大师在意大利的停留也解释了为什么大师工作室内有一些意大利客户委托的作品手稿，大部分是那段时期的：一个受维斯康蒂家族的委托，另一个受特伦塔迪卢卡家族的委托。布锡考特大师仔细研究了光和大气对形状和颜色的影响，不断探寻空间的真实代表，被认为是 15 世纪意大利佛兰德斯画派的先驱。

多纳托·迪·尼科洛·迪·贝托·巴尔迪，亦称为多纳泰罗

（佛罗伦萨，1386 年—1466 年）

1404 年至 1407 年，多纳泰罗作为洛伦佐·吉贝尔蒂的助手参与了佛罗伦萨洗礼堂北门的装饰创作。但从 1408 年起，他开始独立为大教堂财产管理委员会工作，创作了现收藏于佛罗伦萨巴尔杰洛博物馆的大理石雕塑《大卫》，以及现收藏于圣母百花大教堂博物馆的《施洗者圣约翰正面像》。1411 年，他开始为佛罗伦萨圣弥额尔教堂工作，创作了雕塑《圣马可像》《圣乔治像》（约为 1417）及《圣卢多维科像》（约 1420，现收藏于佛罗伦萨圣十字博物馆）。在这些年里，他还为乔托钟楼创作了五座雕像（1415—1436），分别是《无胡须的先知》《有胡须的先知》《以撒的牺牲》《哈巴古》及《耶利米》。1425 年至 1433 年，多纳泰罗与米凯洛佐共同创作了一系列的作品，其中包括位于佛罗伦萨洗礼堂的伪教皇约翰二十三世的陵墓，位于那不勒斯尼罗河天神堂内的布兰卡契红衣主教的陵墓以及普拉托大教堂外侧布道坛（1428—1438）。大约在 1425 年，他创作完成了锡耶纳洗礼堂圣洗池上的浮雕《希律王的宴会》及两座隐喻“信仰”及“希望”的雕塑。1430 年至 1432 年间，在罗马为圣彼得大教堂中创作了圣体龛。回到佛罗伦萨以后，多纳泰罗开始了一段高产的创作期：在为圣母百花大教堂负责唱诗台装饰（1433—1439）期间，他为圣十字大教堂卡瓦尔坎蒂祭坛创作了浮雕《圣母领报》（约 1435）。随后，多纳泰罗为圣洛伦佐教堂的旧圣器室内部做了装饰（约 1437—1443），为威尼斯圣方济会荣耀圣母教堂创作了施洗者圣约翰木质雕像（1438），并于 1440 年前后创作了现收藏于巴尔杰洛博物馆的青铜雕塑《大卫》。1443 年，多纳泰罗前往帕多瓦，在那里生活了近十年，受托创作了加塔梅拉塔的骑马像，又为圣人洗礼堂的主祭坛（位于圣安东尼奥大教堂内）创作了青铜雕塑《圣母子与六圣人》（方济各、安东尼奥、朱斯蒂娜、丹尼尔、卢多维科和普罗斯多奇莫）以及讲述圣安东尼奥神迹的四块浮雕。现如今很难说清楚这个祭坛的构成，因为我们所见的并非原版，而是现代重修的。1454 年底，多纳泰罗再次返回佛罗伦萨，为美第奇宫创作了一组青铜雕塑《朱迪斯与霍洛芬尼斯》(1455—1460)，后安置于领主广场，如今陈列于韦奇奥宫，为洗礼堂创作了木雕《抹大拉的玛利亚》（1453—1455，圣母百花大教堂博物馆），为锡耶纳大教堂创作了雕塑《施洗者圣约翰》（1455），他最后接受的委托是为圣洛伦佐教堂的布道坛制作两个青铜雕塑，

但也许这组作品最终是由他的助手们在他去世后完成的。

保罗·迪·多纳，也被称作保罗·乌切洛

（普拉托韦基奥，阿雷佐，1397 年—佛罗伦萨，1475 年）

瓦萨里在他所著的《艺苑名人传》中写道，保罗·乌切洛“除了研究一些困难和不可能的视角以外，没有别的乐趣”，还强调了这位艺术家最显著的特征，即对透视结构的兴趣，甚至可以说是痴迷。

1407 年，年仅 10 岁的保罗·乌切洛作为学徒参与了洛伦佐·吉贝尔蒂在佛罗伦萨洗礼堂北门的项目而被人知晓，1425 年，乌切洛出现在威尼斯，负责圣马可大教堂的镶嵌装饰工作。这些最早期的作品没有被保存下来，1431 年，乌切洛回到托斯卡纳，开始了新圣母玛利亚教堂绿色回廊的湿壁画创作，包括《诺亚的故事》，还绘制了《圣乔治与龙》（墨尔本，维多利亚国家美术馆）和《朝拜圣婴》（卡尔斯鲁厄，州立美术馆）这两幅备受争议的作品。大约在 1433 年，他投身于普拉托大教堂内小礼拜堂的《圣母升天》湿壁画创作。1436 年，他创作了第一个大型杰作——佛罗伦萨大教堂内的约翰·霍克乌德的骑马像。在博洛尼亚的圣马蒂诺教堂发现有《朝拜圣婴》湿壁画的片段，据推测应为 1431 年或 1437 年所作。在 1438 年至 1440 年间，创造了《圣罗马诺之战》（佛罗伦萨，乌菲齐画廊；巴黎，卢浮宫博物馆；伦敦，国家美术馆）。1443 年到 1445 年间，保罗在佛罗伦萨大教堂工作，描绘内壁的钟表，设计了穹顶上的三个玻璃窗（复活、耶稣降生和圣母领报）。也许在 1445 年他去了帕多瓦，在维塔利尼宅邸描绘了一系列巨人壁画。之后他回到佛罗伦萨，在这个 10 年结束之际创作了圣米尼亚托阿尔蒙特修道院的壁画《隐士的故事》。木板画《圣乔治屠龙》（巴黎，雅克马尔－安德烈博物馆）创作于 1465 年，就在乌尔比诺逗留之前，他为科尔普斯·多米尼教堂画了《米拉科洛和奥斯蒂亚的故事》（1467—1468，乌尔比诺，马尔凯国家美术馆），以及祭坛画《朱斯托·迪·甘德的使徒圣餐》。大约在 1470 年，乌切洛创作了著名的《林中狩猎》（牛津，阿什莫尔博物馆）。

阿莱西奥或阿莱索·巴尔多维内蒂

（佛罗伦萨，1425 年—1499 年）

这位艺术家的生平和作品被他自己写的回忆录完美地记录了下来。我们知道巴尔多维内蒂在 1439 年左右与多梅尼科·韦内齐亚诺和皮耶罗·德拉·弗朗切斯卡一起开始了佛罗伦萨圣艾智德教堂唱诗台的湿壁画创作，不幸的是，这些作品都未能留存下来。1449 年，他为圣母领报大殿的银器柜创作了一些有关基督的故事木版画。1460 年到 1462 年的工作中心是圣母领报教堂的许愿回廊上的湿壁画《基督的诞生》的创作。1466 年，他转而为圣米尼亚托大殿的葡萄牙红衣主教墓碑创作了天使壁画和圣母领报木版画。1471 年至 1477 年间，为天主圣三大殿吉安菲利亚齐祭台创作了壁画和装饰屏（现存于乌菲齐画廊）。所有这些作品都能证明巴尔多维内蒂是多梅尼科·韦内齐亚诺和皮耶罗·德拉·弗朗切斯卡是在佛罗伦萨发起的透视和光线改革最有力的贯彻者之一。在他整个职业生涯中，这位艺术家致力于所谓的“小艺术”，比如他为圣十字教堂洗礼堂创作的镶嵌装饰，以及大教堂圣器收藏室的木制镶嵌物。

卡洛·克里韦利

（威尼斯，1430 年至 1435 年—阿斯科利皮切诺，1494 年至 1500 年）

我们无从了解卡洛·克里韦利的教育经历，或许他曾得到过雅克布·贝利尼的教导。1457 年，他被指控通奸，从文献中可以发现，那时克里韦利已经是一位独立的艺术家了。克里韦利第一件署名的作品藏于维罗纳的卡斯泰尔韦基奥古堡博物馆，名为《圣母受难》（约 1460）。这件作品展示了帕多瓦地区的艺术风格和弗朗切斯科·斯夸尔乔内工作室的风格，克里韦利曾在扎拉待了几年。此后，他在 1468 年迁居马尔凯，在那里完成了马萨费尔马纳圣西尔韦斯特罗教堂的多联画。或许是从 1469 年起，他就定居阿斯科利皮切诺。1470 年，克里韦利完成了圣乔治港多联画（散落于多座博物馆，中央的画板现位于华盛顿国家美术馆）；此后不久，位于费尔莫的蒙泰菲奥雷德拉索圣方济各教堂的多联画也正式完成，这件作品后被拆解，现存于蒙特菲奥雷德拉索的圣露琪亚教堂。1473 年，克里韦利完成了阿斯科利皮切诺主教堂的多联画，这件作品至今仍存于其最初的位置——圣礼祈祷堂。据阿斯科利圣多明尼哥教堂的文献记载，1476 年的两幅多联画的大部分画板现存于伦敦国家美术馆。此外，伦敦国家美术馆还藏有克里韦利 1486 年为阿斯科利圣母领报教堂画的《圣母领报》。克里韦利创作生涯中最后的作品有卡麦里诺主教堂的多联画，位于中央的画板被称为《坎代莱塔的圣母》（约 1488—1490），现存于米兰布雷拉美术馆；此外，还有 1493 年为法布里亚诺的圣方济各教堂绘制的《圣母加冕》（米兰，布雷拉美术馆）。

安德烈亚·曼特尼亚

（帕多瓦，1431 年—曼托瓦，1506 年）

关于安德烈亚·曼特尼亚，最早的记录可以追溯到他在弗朗西斯科·斯夸尔乔内在帕多瓦的工作室做学徒时。1448 年他离开了师傅，也结束了与之非常严格的合同条款，第一次独立工作，同时又与尼古拉·皮佐罗合作完成了帕多瓦艾雷米塔尼教堂奥威塔里家族小教堂的装饰工作。1453 年，皮佐罗去世后，安德烈亚大约在 1457 年结束了这项工作——包括《圣吉亚科莫和圣克里斯托弗的故事》和后墙上的壁画《圣母升天》，但在 1944 年的爆炸后只有一部分留存了下来。同年，他为圣朱斯蒂纳大教堂绘制了圣路加的圣坛画（米兰，布雷拉美术馆），又于 1451 年创作了《圣欧菲米亚》（那不勒斯，卡波迪蒙特国家博物馆）。1453 年，安德烈亚迎娶了雅各布的女儿、乔凡尼·贝利尼的妹妹尼克罗西亚，由此与当时威尼斯画派最知名的工作室联系紧密。与贝利尼的关联明显体现在了《客西马尼园的祷告》（约 1458—1460，伦敦，国家美术馆）中。大约在 1457 年，他为维罗纳的圣泽诺教堂的主祭坛绘制了祭坛画。1459 年，在卢多维科·贡扎加公爵的多重施压下，安德烈亚移居曼托瓦，担任宫廷画家。因为受到了各种各样的委托，所以他在此地创作出了一些重要的作品，除了《圣母之死》（约 1462，马德里，普拉多博物馆）和一些现存于乌菲齐画廊的木板油画（约 1460—1464），大都是为城堡里的公爵私人礼拜堂所作，直到1474年，他为道奇宫创作了壁画《婚礼堂》。在他停留曼托瓦期间，去了佛罗伦萨和比萨旅行（1467和1468），1489年在罗马逗留，为教皇英诺森八世装饰一座教堂，该教堂于18世纪被毁。1485年，他开始为贡萨格家族创作一系列布面油画《恺撒的胜利》（伦敦，汉普顿宫，皇家收藏），一直到1505年。安德烈亚保留了他宫廷画师的身份，为新的公爵服务——弗朗西斯科·贡萨格和他的妻子伊莎贝拉·黛丝恬，1496年为他们绘制了《圣母的胜利》（巴黎，卢浮宫），次年又创作了《谦卑的圣母》（米兰，斯福尔扎古堡）。受公爵夫人委托，他在1497年又完成了《巴那斯山》和《美德的胜利》（1499—1502），这两幅画现都收藏于卢浮宫内。

乔凡尼·贝利尼

（威尼斯，约1432年—1516年）

关于他青年时期的信息少之又少：他是画家雅各布之子，年轻的乔凡尼·贝利尼和哥哥詹蒂利一起在父亲的工作室里开启了自己的艺术生涯，而他在1459年就在威尼斯拥有了自己的工作室。在他早期的画作中，一直到大约1460年，乔凡尼仍在他父亲的风格上徘徊，但不久后，他的作品就开始受到安德烈亚·曼特尼亚艺术风格的影响。他的影响在一些作品中显而易见，例如《客西马尼园的祷告》（1465—1470，伦敦，国家美术馆），《耶稣显容》和《十字架受苦》（1455—1460，两幅作品都在威尼斯科雷尔博物馆），《耶稣献堂》（1460，威尼斯，奎利尼·斯坦帕里亚美术馆）和《哀悼基督》（1460—1465，米兰，布雷拉美术馆）。他可能在同时期为威尼斯圣乔凡尼保罗大教堂创作了圣文森佐费雷里的祭坛画。15世纪70年代初期，他创作了大幅祭坛画《圣母加冕》（1471—1483，佩萨罗，市立博物馆）和里米尼美术馆的《哀悼基督》。他在接下来的十年投身于《圣约伯教堂祭坛》（约1485，威尼斯，学院美术馆），《弗拉里三折画》（1488，威尼斯，弗拉里荣耀圣母堂）和《巴尔巴里戈祭坛画》（1488，穆拉诺岛，圣彼得马蒂尔教堂）的创作中。1483年，贝利尼被任命为威尼斯共和国的宫廷画家。1490年至1504年的作品为乌菲齐画廊的《神圣的寓言》，之后是《草地上的圣母》（约1505，伦敦，国家美术馆）和《圣扎卡里亚祭坛画》（1505，威尼斯，圣扎卡里亚教堂）。1496年到1505年有一系列乔凡尼与伊莎贝拉·黛丝恬的往来信件，后者希望他为自己的工作室创作一些作品。他晚期的代表作就是为黛丝恬创作的《诸神之宴》（1514，华盛顿，国家美术馆），《照镜子的维纳斯》（1515，维也纳，艺术史博物馆）和《诺亚醉酒》（约1515，贝桑松，美术博物馆）。

维托雷·克里韦利

（威尼斯，约1440年—费尔莫，1501/1502年）

雅各布之子，也是著名的卡洛·克里韦利的兄弟，维托雷曾在他父亲的工坊里学习。几人于1465年前后来到扎拉，应该是追随斯齐亚沃内而来，并于1475年在扎拉买了一套房子，用一部分现金和一部分画作支付。约1480年，他来到马尔凯地区，并定居在费尔莫，在那里开了自己的工作室并娶了彼得罗·索拉里奥的女儿。他的代表作有《帕尔玛钟塔祭坛画》（费尔莫），《圣塞维里诺祭坛画》（马切拉塔）和《圣埃尔皮迪奥阿马雷祭坛画》(费尔莫);不幸的是,许多作品已经遗失或被分解了。他的画作反映了他和兄弟卡洛关系十分密切,可以看出他借鉴了卡洛的风格和颜色运用,但维托雷的特点在于极致的精细和装饰的品位,这一点效仿了安东尼奥·维瓦里尼和乔瓦尼·德·阿雷玛那。

乔瓦尼·巴蒂斯塔·西玛,也称西玛·达·科内利亚诺

(科内利亚诺,特雷维索,约1459年—1517年)

这位画家得名于他出生和去世的地点,特雷维索大省的科内利亚诺市。尽管他的教育经历不为人所知,但他早期的作品,如收藏在维琴察市立博物馆的《圣母与圣子及圣吉亚科莫和圣杰罗拉莫》(1489),体现出他在威尼斯画派风格上的创新和与巴托洛梅奥·蒙塔纳、乔凡尼·贝利尼、阿尔维斯·维瓦里尼、安托内罗·达·梅西纳的联系。西玛在威尼斯度过了他主要的职业生涯,一直待到1516年,他也创作了一些威尼托内陆地区的画作。他绘制的祭坛画构图尽管有时会重复,但他多样鲜明的构图和对背景景观的敏感度满足了许多雇佣者的要求,比如《基督受洗》(1492,威尼斯,布拉戈拉圣乔瓦尼教堂),《圣母与橘树》(1495—1497,威尼斯,学院美术馆),《圣乔凡尼·巴蒂斯塔祭坛画》(1509,威尼斯,奥尔托圣母教堂),《在圣尼科洛和圣本笃之间的圣彼得·马蒂尔》(约1505—1506,米兰,布雷拉美术馆)。

维托雷·卡巴乔

(威尼斯,约1460年—1526年)

他的教育经历我们无从知晓,或许在是威尼斯的詹蒂利·贝利尼的工作室学习。有记载的他的早期作品是1490年的《圣乌苏拉抵达科隆》,是为同名会堂创作的圣人生平系列画作之一,它由九幅布面蛋彩画组成,八年后才最终完成(现收藏在威尼斯的学院美术馆中)。1494年,他与詹蒂利·贝利尼一起创作了多联画《十字架故事》(威尼斯,学院美术馆),这个系列描绘了圣十字架的碎片在威尼斯创造的奇迹。卡巴乔成名后,于1502年至1508年间为圣乔治信众会会堂绘制了多联画,大约同时期又为阿尔巴尼亚会堂创作了各种作品(这些作品现在已经四散在各大博物馆),其中最有名的留在了自己的工作室。画家在职业生涯晚期创作了一系列祭坛画,尤其是在威尼托的内陆区域,其中比较著名的有《王座上的圣托马索·德·阿基诺》(1507,斯图加特,州立绘画馆)和《耶稣献堂》(1510,威尼斯,学院美术馆)。至于肖像画的创作,据文献记载,有《骑士肖像》(1510,马德里,提森·波涅米萨美术馆),内含复杂的象征体系。

弗兰斯·哈尔斯

(安特卫普,约1580年—哈勒姆,1666年)

1590年左右,哈尔斯和家人搬到了哈勒姆,在那里他作为一位荷兰艺术家的学徒开始了自己的艺术生涯。1610年,他注册加入了画家协会,最开始选择了油画这个分类,他专攻并最终成为一名肖像画家。早期他作品的主角经常是活泼开朗的孩子、女人、饮酒者和老人(《欢快的饮酒者》,阿姆斯特丹,国家博物馆;《吉普赛女郎》,巴黎,卢浮宫博物馆;《微笑的骑士》,1624,伦敦,华莱士典藏馆;《唱歌的两个男孩》,1625,卡塞尔,博物

馆）。他这段时期画作的特点一直是简单流畅的笔触、丰富的色彩和明亮的光影效果，同时也体现出卡拉瓦乔的乌特勒支流派的特点。此外，在初期尝试中，哈尔斯就已经体现出刻画人物瞬间的能力，他懂得如何抓取每个人独特的表情和手势：比如他著名的人物肖像画之一的《吉普赛女郎》（1628—1630，巴黎，卢浮宫）。特别能体现人物的动态和即时性的是《圣乔治射击手连军官们的宴会》，此外同一主题还有六幅画作，保存在哈勒姆的哈尔斯博物馆。1630 年至 1640 年这 10 年是他的创作巅峰，哈尔斯收到了无数包括来自哈勒姆资产阶级的委托：这些肖像画的布局更为准确，轮廓也更加清晰（《凡·哈赛拉尔夫妇》，阿姆斯特丹，国家博物馆）。在他职业生涯晚期，用一系列微暗的色调取代了早期画作鲜明的色彩，表现出画家对个人内在的关注越来越多（《威廉·克罗斯肖像》，1662—1666，慕尼黑，老绘画陈列馆）。最后两个代表作是两幅团体肖像画：《哈勒姆养老院的男主持人》和《哈勒姆养老院的女主持人》（1664，哈勒姆，弗兰斯·哈尔斯博物馆）。哈尔斯的艺术直到 19 世纪才被重新发掘，并成为库尔贝尤其是马奈作品的重要参考。

乔凡尼·洛伦佐·贝尼尼

（那不勒斯，1598 年—罗马，1680 年）

乔凡尼·洛伦佐·贝尼尼出生于那不勒斯；1605 年前后，贝尼尼举家迁居罗马。在他漫长的一生中，直到 1665 年他才离开罗马，被路易十四世召唤到巴黎。贝尼尼的父亲彼得是一位后矫饰主义雕塑家，他在父亲的工作室中接受了艺术启蒙，致力于研究 16 世纪艺术大师和古代的雕塑作品，尤其是希腊雕塑。应红衣主教西皮奥内·博尔盖塞的委托，1619 年至 1625 年间，贝尼尼雕刻了大理石雕塑《埃涅阿斯和安喀塞斯》《普罗塞耳皮娜被劫》《大卫》及《阿波罗和达芙妮》，他的天资显露无遗。贝尼尼为这位枢机主教服务至 1624 年。乌尔班八世巴贝里尼登上教皇之位后，贝尼尼便在罗马的艺术圈中获得了显赫的地位。1629 年，他被任命为圣彼得大教堂的建筑师。贝尼尼自 1624 年开始就接到设计教堂龛室的委托，他在大教堂中的工作从 17 世纪 30 年代持续到去世。除了熠熠生辉的讲道台（1656—1666）和大教堂前的柱廊（1656—1667）外，他还为圣彼得大教堂设计了乌尔班八世的墓冢（1639—1647）、《君士坦丁骑马雕像》（1654—1668）、《圣朗基努斯》（1629—1638）及梵蒂冈与圣彼得大教堂之间连廊的布景（1663—1666）。贝尼尼的重要建筑作品有蒙特奇特利欧宫（1650—1655）、奎利那雷圣安德烈教堂（1658—1670），以及路易十四委托他为卢浮宫设计的建筑项目。然而，他为卢浮宫设计的方案并未付诸实施，因为他的设计方案被认为不符合古典主义的品位和法式居住要求。冠以贝尼尼之名的还有一些著名的罗马喷泉，如纳沃纳广场上的四河喷泉（1648—1651）、巴尔贝里尼广场上的特里同喷泉（1640）。此外，贝尼尼还雕刻了大量的肖像，其中包括西皮奥内·博尔盖塞（1632，罗马，博尔盖塞美术馆）和康斯坦扎·博纳雷利（1635，佛罗伦萨，巴尔杰洛博物馆）的肖像。《圣特雷莎的狂喜》（1647—1652，罗马，圣马利亚·德拉·维多利亚教堂科尔纳罗祈祷堂）和《有福的路德维卡·阿尔贝尔托尼》（1671—1674，罗马，河畔圣方济各堂）均为巴洛克风格的代表。

安东尼·凡·戴克

（安特卫普，1599 年—伦敦，1641 年）

凡·戴克很早就致力于艺术活动：1615 年，他在安特卫普开设了自己的工作室，仅仅三年后就成为画家协会的成员并与鲁本斯合作。这段时期的作品体现出了他深受鲁本斯艺术风格的影响（《狩猎野猪》，1617—1618，慕尼黑，老绘画陈列馆；《圣马丁与乞丐》，1621，扎芬特姆；《逮捕基督》，1621，马德里，普拉多博物馆）。他于 1621 年到 1627 年间停留在意大利，主要在热那亚，也走访了罗马、佛罗伦萨、博洛尼亚、威尼斯和巴勒莫。因此，凡·戴克有机会研究他在速写本上练习过的文艺复兴时期的伟大作品，这本速写本现保存在伦敦文化博物馆。他在意大利停留阶段创作的作品深受提香的影响，主要体现在一系列柔和细腻色调的使用和精致的构图上：除了大量的宗教题材作品（《念珠圣母》，1628，巴勒莫，念珠礼拜堂），凡·戴克还创作了一系列热那亚贵族肖像，大部分是全身像，体现出了他成熟的个人风格（《侯爵夫人卡特琳娜·巴尔比·杜拉佐肖像画》，1624，热那亚，皇家博物馆）。在他返回荷兰后，被任命为大公爵夫人伊莎贝拉的宫廷画家，主要绘制肖像画和祭坛画（《狂喜的圣奥古斯丁》，1628，安特卫普，圣奥古斯丁教堂）。在神话主题的布面油画中，代表作有《里纳尔多和阿尔米达》（约 1630—1631，巴黎，卢浮宫），轻盈的笔触带有洛可可风格的意味。凡·戴克于 1632 年定居英格兰，担任查理一世的宫廷画师，并被授予爵士的头衔。在这里，艺术家创作了大量的肖像画，成为 17 世纪上半叶的英国贵族世界的重要见证，也影响了 18 世纪伟大的英国肖像画家庚斯博罗和雷诺兹。被描绘的人物在明亮色调的景致的映衬下，身着华丽的服饰，其中著名的有查理一世的肖像画（1636，伦敦，国家美术馆；1638，巴黎，卢浮宫；1638，马德里，普拉多博物馆）。

伦勃朗·哈尔曼松·凡·莱因

（莱顿，1606 年—阿姆斯特丹，1669 年）

伦勃朗是一个磨坊主的儿子，1625 年开始独立展开绘画活动。他的初期作品大部分围绕着宗教主题展开，其特点是动态的构图方式和强烈的光影效果，表明他受到卡拉瓦乔乌特勒支流派的影响（《以马忤斯的基督和朝圣者》，1629，巴黎，雅克马尔－安德烈博物馆）。在同一时期，伦勃朗还进行了大量关于极具表现力和即时性的头像和自画像的研究。1631 年，伦勃朗搬到了阿姆斯特丹，在那里他成了一名肖像画家，并在 1634 年迎娶了萨斯基亚，一位富有的艺术品经销商的侄女。在该市外科协会的委托下，他创作了名作《尼古拉·特尔普教授的解剖课》（1632，海牙，皇家莫里茨美术馆），其中强烈的明暗对比场景极具戏剧感。在这些团体肖像和个人肖像画中（《微笑的萨斯基亚》，1633，德累斯顿，历代大师画廊美术馆；《尊敬的约翰内斯·埃里森之妻约翰内斯·伊丽莎白·玛利亚·伯克诺尔》，1634，波士顿，艺术博物馆；《穿着东方服饰的男子》，1635，阿姆斯特丹，国立博物馆），这位艺术家表现出了精准的心理审视能力和精湛的绘画技巧。除了肖像画和宗教题材绘画，伦勃朗还致力于设计和版画，如价值 100 荷兰盾的版画（《基督医治病人》，1642—1645，柏林，印刷与绘画博物馆）。随着他的杰作之一《夜巡》的问世（1642，阿姆斯特丹，国家博物馆），伦勃朗达到自己的艺术巅峰。然而，在失去三个儿子和妻子之后，伦勃朗不再为资产阶级绘制肖像画，从1650年起，他开始集中研究个人的内在以及人类的情感和精神方面。这一阶段的画作笔触更加自由（《沐浴的拔示巴》，1654，《神圣家族》，1640，《以马忤斯的晚餐》，1648，全部收藏于巴黎卢浮宫；《亚里士多德凝视荷马的半身像》，1653，纽约，大都会艺术博物馆，《在小溪中洗澡的女人》，1654，伦敦，国家美术馆；《波兰骑士》，1655，纽约，弗里克美术收藏馆）。不得不提的还有许多极富个人情绪的自画像，这些肖像与年轻时期的作品一起构成了一本清晰的艺术家自传。

让·瓦林，也称沃林

（列日，1607年—巴黎，1672年）

让·瓦林是法国最伟大的纪念章雕刻家和当时最杰出的雕刻家之一。瓦林很早就搬到巴黎，很快就赢得了红衣主教黎塞留的青睐，并在1646年被任命为法国造币厂厂长。由于他的才华、野心和敏锐的商业意识，到1648年，他获得了在法国生产的硬币、纪念章的绝对的垄断权。他对于这个领域的贡献还体现在技术层面上，是他开始系统地使用机器造币。他的大量作品包括为奥地利的安妮（1645，巴黎，法国国家图书馆）和路易十四（1665，伦敦，英国博物馆）所铸的金质纪念章；他还为后者创造了一系列非常有价值的奖章（《奖章的历史故事》，1660—1672，现在保存在各种博物馆中），在路易十四的政治宣传中发挥了关键作用。与此同时，瓦林还尝试了画家和雕塑家的角色：尽管没有画作留存下来，但他的雕塑作品大获成功，赢得了同时代人的赞誉，他擅长简单而古典的巴洛克风格，和贝尼尼的戏剧性表达形成对比。他为法国宫廷的许多知名人物都制作了青铜半身像，例如路易十四的半身像（1665，凡尔赛宫，国家博物馆），主权人对委员会的行为表示赞赏。因受到了君主的赞扬，所以又委托他创作了另一个巨大的大理石雕像（《穿旧装的路易十四》，1671，凡尔赛宫，国家博物馆）。尽管瓦林取得了卓越的成就，却还过着朝不保夕的生活，他曾因偷窃在监狱里待过一小段时间，后于1672年去世，死因不明，可能是中毒身亡。

雅各布·伊萨克斯·凡·雷斯达尔

（哈勒姆，1628年—阿姆斯特丹，1682年）

雷斯达尔创作的大量作品与伦勃朗的作品密切相关，其主题是各种景观：海滩、城市、港口、乡村、河流、山脉、冬季，特别是风暴和森林。色调、光影效果和移动的物体是这位艺术家画作的特色，对景观有高度情感化的诠释。他擅长捕捉意境，并追求人与大自然的和谐。他的笔触变得越来越自由，逐渐放弃了年轻时期的精确描绘，用充满活力而快速的笔触取代，大量的空间和色块结构创造出宏大的风格。成熟的风景画更尊重真实，雷斯达尔用共情的手法不断描绘自然景致，使自己在17世纪荷兰画家中声名鹊起，同时成为浪漫主义风景画家的重要参考。他的杰作有《埃克河边的磨坊》（1670，阿姆斯特丹，国家博物馆），《林中沼泽》（1665—1669，圣彼得堡，冬宫博物馆），《哈勒姆景观》（1670—1675，阿姆斯特丹，国家博物馆），《暴风雨》（巴黎，卢浮宫）。

让·马克·纳蒂埃

（巴黎，1685 年—1766 年）

纳蒂埃的艺术生涯受到他的父亲和教父的启蒙，很早就体现出了绘画天赋，15 岁时就获得了皇家美术学院绘画的一等奖，并于 1718 年进入该校学习，创作了《珀耳修斯砍下美杜莎的头颅》（图尔，艺术博物馆）。但纳蒂埃很快就放弃了历史画，转而投向被认为是更小众的肖像画，他的整个职业生涯几乎都致力于此，通过频繁使用寓言的方式创新并完善了这个流派。他在法国宫廷的成功始于画作《弥涅耳瓦的兰贝斯小姐》（1732，巴黎，卢浮宫），这是他最早的神话或历史肖像画的代表作之一，从 40 年代开始成为职业宫廷肖像画家，多次为路易十五的女儿亨利埃特和阿德莱德作画（《芙洛拉的亨利埃特夫人》，1742，凡尔赛宫，国家博物馆；《戴安娜的阿德莱德夫人》，1745，凡尔赛宫，国家博物馆）。更具意义和独创性的是他在 1748 年为皇后而作的肖像画（《玛丽·莱克辛斯卡》，凡尔赛宫，国家博物馆），突出了肖像的自然性，描绘了一个更私密的形象。到了 50 年代中期，由于公众喜好的改变，纳蒂尔的声誉下滑，并且在他生命最后阶段，画家被迫出售他的艺术收藏品，以应对不断恶化的财务问题。

詹巴蒂斯塔·提埃波罗

（威尼斯，1696 年—马德里，1770 年）

他的早期画作毫无疑问受到了同时期的乔瓦尼·巴蒂斯塔·皮亚泽塔作品的影响。以对角线切割的构图方式、鲜明的色彩范围和强烈的明暗对比为特征，比如《年轻的圣巴托洛梅奥殉道》（1722，威尼斯，圣欧达奇教堂）。向更加感性的洛可可风格的转变发生在 1720 年至 1730 年，并于年轻时达到巅峰：乌迪内大主教宫殿的湿壁画。在这里，提埃波罗创作了早期广阔空间内的幻象装饰作品，所使用的颜色变亮，专注于精致柔和的色调。维罗纳的保罗是他学习的楷模，提埃波罗十分欣赏他组合构图的能力和对光线精准而细腻的使用，使人物与周围环境相协调。1730 年到 1750 年，提埃波罗先后在贝加莫、维琴察、米兰和威尼斯全身心地投入到大量布面油画、壁画和装饰的绘制。绘制了大量的天顶画，内容多为神话、历史或宗教人物，提埃波罗经常与著名的透视法壁画家杰罗拉莫·门戈齐·科隆纳合作，例如威尼斯拉比亚宫的一组壁画《安东尼奥和克莱欧帕特拉的故事》就是两人合作的产物。为了装饰由约翰·巴塔萨·纽曼建造的维尔茨堡主教府的一些房间，1750 年，提埃波罗和儿子搬到了弗兰科尼亚，弗兰科尼亚历史庆典主题的建筑从未以如此丰富、精致和隆重的视觉语言来展现过。提埃波罗擅长流畅的组合构图、精致的色彩组合以及适宜大方的光线运用。回到意大利后，他展开了密集的绘画活动。其中有维琴察附近瓦尔马拉纳别墅的壁画，这幅画没有繁复的图案（1757），更加贴近生活且富有诗意。1762 年，提埃波罗前往马德里，被波旁王朝的查理三世也被称为“哲学和博爱之王”召见。查理三世是腓力五世第二次婚姻的长子，母亲是公主伊莎贝拉·法尼斯。查理三世征服了那不勒斯和西西里王国，他将西班牙首都皇宫的壁画装饰这一大任委托给了提埃波罗。提埃波罗将生命的最后八年献给了这项工作，从而避开了他在意大利的竞争对手安东·拉斐尔·门斯的崛起。

乔凡尼·安东尼奥·康纳尔，也称卡纳莱托

（威尼斯，1697 年—1768 年）

作为舞台布景画家的儿子，年轻的卡纳莱托和父亲还有哥哥一起在罗马工作多年，也是在那里他决定投身于绘画，并受到卡斯帕·凡·维托和乔瓦尼·保罗·帕尼尼作品的影响。回到威尼斯后，卡纳莱托加入了画家协会，放弃了舞台布景设计。他初期的风景画作（《从巴尔比宫到里亚托桥的大运河》，约 1723，威尼斯，雷佐尼科宫；《威尼斯和圣马可、皮亚泽塔广场河畔风景》，约 1725，博洛尼亚，费德里科·泽里基金会；《圣乔凡尼广场、圣保罗广场与圣马可会堂》，约 1725，德累斯顿，历代大师画廊美术馆；《圣维达尔的大理石作坊》，约 1725，伦敦，国家美术馆）的特点是强烈的明暗对比和对透视的完美掌握。随着时间的推移，卡纳莱托加深了对自然光和大气价值的研究，创作出了在强烈漫射光线照射下宏大而清晰的场景，如大运河、威尼斯的广场、布伦塔河沿岸潟湖城市内陆地区的景致（《帕多瓦的布伦塔运河》，约 1735—1740，华盛顿，国家艺术馆）。从 1740 年起到之后的三十年，著名的英国驻威尼斯领事馆领事约瑟夫·史密斯，非常喜欢卡纳莱托的作品，因此担任他和英国客户之间的中间人。卡纳莱托为史密斯创作了六个圣马可广场和皮亚泽塔广场的风景（1727—1728，温莎城堡），十二个大运河的小景（1729—1734，温莎城堡）和三十一幅描绘潟湖、布伦塔河和帕多瓦景色的画作，绘于 1740 年左右。多亏了他能干的代理人，卡纳莱托受到英国贵族的极力追捧：从费兹威廉伯爵到贝德福德公爵（他收购了多达五十幅画作），从利兹公爵到卡莱尔伯爵。

1746 年，卡纳莱托离开威尼斯前往英国，在那里他早已声名远扬。著名的古董商乔治·维图特在他的笔记本中写道："他在国外为高贵的英国绅士们创作的作品令他声名远扬，他凭借自己在这类画作上的高超技巧获得了高度评价，毫无疑问，在这个地方创作的风景画和其他作品也将给予他同样的满足感。"十年来，这位威尼斯大师毫不停歇地为英国客户描绘乡村和城市的景观（《沃尔顿桥》，1754，伦敦，德威士学院，画廊），贵族宅邸（《华威城堡》，约 1748，纽黑文，耶鲁大学英国艺术中心）和两个英国景观（《伦敦市长就任时的威斯敏斯特桥》，1746，纽黑文，耶鲁大学英国艺术中心；《从里士满宅邸的露台看泰晤士河和白厅》，1747，私人收藏）。回到威尼斯后，卡纳莱托继续为威尼斯和国际客户创作风景画和版画，例如为德国商人西格蒙德·斯特里特绘制的六幅画和两个罕见的被皎洁的月光照亮的夜景（《圣彼得城堡的夜间看守》和《圣玛尔塔的夜间看守》，柏林画廊）。大约在 1763 年，他出版了最后一本令人难忘的版画集《威尼斯总督集》，在里面他描绘了威尼斯历年总督参与过的最重要的仪式。尽管风景画被认为是一种小众流派，但卡纳莱托仍然于 1763 年被威尼斯绘画和雕塑学院录取。卡纳莱托大师的最后一部作品描绘了圣马可教堂内部的一场音乐会并写道："68 岁，雾里看花，1766 年。"他于两年后去世。

让·巴蒂斯特·西梅翁·夏尔丹

（巴黎，1699 年—1779 年）

夏尔丹 1699 年生于巴黎，最初在历史画家卡兹斯的画室，后又到了诺埃尔·夸佩尔和让 巴蒂斯特·凡卢的画室。他最初几年的作品以静物居多，这是夏尔丹偶然接触到的绘画类型，描绘了一些别人给他的猎物。1728年，他因为两幅静物画《鳐鱼》和《冷餐台》（巴黎，卢浮宫）被皇家绘画学院评为“动物和水果的画家”。1733年，他凭借《用封蜡封信的贵妇》开启了职业生涯的新阶段，描绘室内场景及里面的人物和肖像，受到国王路易十五的青睐。夏尔丹借鉴了17世纪荷兰和法国勒内恩兄弟的画作，更好地描绘了资产阶级生活的场景。特别是在为儿童作画时，他知道如何注入独有的温柔和亲密，体现出启蒙运动的道德观念。通过他的版画，夏尔丹的名气很快传遍整个欧洲，增加了国外客户的委托，例如瑞典的路易莎·乌里卡，普鲁士国王弗雷德里克的妹妹。哲学家狄德罗是夏尔丹的狂热崇拜者，夏尔丹所取得的声望是通过在皇家学院里的一些重要的任职和任务积累而来的。可能也是因为他视力减弱的缘故，在他生命的最后几年里，主要致力于色粉画。1779年，夏尔丹在卢浮宫自己的居室里离世。

弗朗索瓦·布歇

（巴黎，1703年—1770年）

弗朗索瓦·布歇于1703年出生在巴黎，曾在装饰画家勒穆瓦纳的工作室接受过培训，从中习得了巴洛克风格晚期的装饰风格。他最早通过版画开展艺术活动，其中有一些借鉴了华托的画作。1727年，布歇前往意大利，在那里他学习了科雷焦和其他一些巴洛克装饰大师的作品。1731年他回到巴黎，收到了宫廷和贵族的重要委托，其中包括和纳托尔一起合作的苏比斯府邸的装饰。1737年，他在沙龙展出了一些田园主题的画作，受到了公众的一致好评：塞弗尔制造局从他的作品中选取了很多模型并制作了很多陶瓷。同时布歇开始为博韦壁毯厂创作图案，并在1753年被任命为工厂监督。这份光荣的委任与蓬巴杜夫人有关，布歇为她绘制了一幅著名的肖像画，于1757年展出。布歇因其神话和爱情主题的画作而声名远播，受到贵族的极大追捧（《戴安娜的休息》，1742，巴黎，卢浮宫）。他被任命为戈布兰壁毯厂的总监，负责巴黎歌剧院的舞台设备和服装；他的声望在1765年被任命为国王的首席画家时达到顶峰，尽管启蒙运动家狄德罗特对他颇有微词，但这些批评与凡尔赛宫的审美并不一致。

弗朗西斯科·瓜尔迪

（威尼斯，1712年—1793年）

瓜尔迪最早在哥哥乔凡尼·安东尼奥的画室里学习，也是在那里进行的大部分活动。这并不妨碍他的发展个人风格，即便在是威尼斯画派中也有自己的特色。作为一个和卡纳莱托齐名的风景画家，瓜尔迪在对风景和人物的渲染上有着独特的敏感性，通过虚化的轮廓、显眼的色彩和强烈的明暗对比来凸显画面的戏剧性。光线在他的绘画中至关重要，几乎成为画作的主角。在他的画作中，具有纪实的意义的卡纳莱托都变成了梦幻无形的视角(《圣彼得城堡》，里斯本，私人收藏;《马格拉塔楼》，伦敦，国家美术馆;《蒙迪坎蒂运河》，贝加莫，卡拉拉学院）。他被正式委任为追忆名人绘制纪念肖像，其中包括教皇庇护四世和俄罗斯的大公爵夫妇保罗和玛丽亚·费奥多罗夫娜（慕尼黑，老绘画陈列馆）。

艾蒂安－莫里斯·法尔科内

（巴黎，1716 年—1791 年）

艾蒂安－莫里斯·法尔科内于 1716 年出生于巴黎的一个工薪家庭，他是一位成功的雕塑家，同时也是一位优秀的知识分子、设计师和才华横溢的作家。他最擅长中小型的雕塑，这些作品往往有大量的复制品。他在简·巴斯蒂克·勒莫因的工作室学习，因此他熟知皮埃尔·普杰、贝尔尼尼和罗马巴洛克鼎盛时期的作品，这也是他主要的灵感来源。在巴黎，他成功地获得了蓬巴杜夫人的庇护，并为她创作了一些重要作品，如《沉睡的丘比特》（1757，阿姆斯特丹，国家博物馆），并于 1757 年被她任命为塞弗尔陶瓷制造局的雕塑研究主任。这一时期最值得一提的是巴黎圣罗科教堂的雕塑群（约 1753—1766），大部分在法国大革命期间被毁。在他的朋友德尼·狄德罗的推荐下，法尔科内被女皇叶卡捷琳娜二世邀请到俄罗斯，后者委托他制作了巨型纪念碑《彼得大帝骑马像》（1766—1778，圣彼得堡），这无疑是他在 18 世纪雕塑作品中最杰出的原创作品。他在圣彼得堡的逗留时间长达十二年，然而只有一部分质量不佳的作品留存了下来。他出于健康原因于 1781 年回到法国，被迫放弃了艺术创作和写作。在写作方面，他还曾参与百科全书的编写（《雕塑的反思》，1760）。所有的文章和部分与狄德罗和俄罗斯叶卡捷琳娜二世的通信往来都被收录于他的《完整作品》（1781）中。

让·奥诺雷·弗拉戈纳尔

（格拉斯，1732 年—巴黎，1806 年）

弗拉戈纳尔最早在巴黎布歇的工作室学习，这段经历对他的整个职业生涯都产生了极大的影响，特别是对描绘主题的选择上。1752 年，他凭借《热罗博昂祭神》（巴黎，国立高等艺术学院）一画获得了著名的罗马大奖，之后得以进入高级皇家艺术学院学习了传统的历史画学习。1756 年，他第一次前往意大利（1756—1761），在此期间，他有机会系统地学习古代艺术和意大利巴洛克和洛可可绘画艺术的相关知识，停留在罗马、那不勒斯和威尼斯的时候临摹了无数名作。这几年也是他整个职业生涯中最高产的一段时间，他对意大利风景印象深刻，并精心研究粉笔画（《蒂沃利大瀑布》，约 1760，巴黎，卢浮宫），这也为弗拉戈纳尔的创作提供了持续的灵感源泉。他凭借《科雷丝和卡利罗埃》（1765，巴黎，卢浮宫）在 1765 年进入了皇家美术学院，取得了非凡的成就，预示了他的辉煌事业；然而，弗拉戈纳尔几乎立即离开了学术界，致力于为私人客户制作橱柜画。这段时期的代表作是为国王路易十五的情人杜巴丽夫人所作，为了装饰她的路维希恩城堡四幅大型油画（《爱的进步》，1771—1773，纽约，弗里克收藏馆）。然而，由于与客户的分歧，画作被拒绝了，画家在第二次短暂的意大利之旅（1773—1774）之后，由于品味的改变，因十八世纪末期对新古典主义的肯定，他已经无法满足市场的需求了。法国大革命后，卢浮宫收藏画作的保守性和更新自己风格的不断尝试都未能重振他的职业生涯，弗拉戈纳尔在 1806 年过世时可谓一贫如洗。

雅克－路易·大卫

（巴黎，1748 年—布鲁塞尔，1825 年）

雅克－路易·大卫是欧洲新古典主义的代

表人物之一。他早年在巴黎绘制神话和历史主题的画作。在罗马（1775—1780）的停留至关重要，在那里，他研究了文艺复兴和17世纪的古典主义，尤其是古代雕塑。在那里，他还受到了约翰·约阿辛·温克尔曼和安东·拉斐尔·门斯的新古典主义理论的影响。回到法国后，他致力于描绘古典主义提倡的片段，例如有关美德的故事（《在赫克托尔尸体上悲痛的安德洛玛刻》，1783，巴黎，卢浮宫博物馆）。他的古典主义在世俗和政治上的诉求明确体现在《荷拉斯兄弟之誓》中，（1784，巴黎，卢浮宫博物馆）这幅作品完成于下一次的罗马之行中。大卫积极参与了法国大革命，为当时的事件和人物创作了大量作品，作品激烈且充满戏剧性，如《马拉之死》（1793，布鲁塞尔，皇家美术馆）。描绘《萨宾妇女》的画作（1794—1799，巴黎，卢浮宫博物馆）却是在罗伯斯庇尔倒台被监禁后创作的。随后他被拿破仑的人格吸引，成为其首席宫廷画家，为他创作了一系列非凡的肖像画和巨幅庆典画，如《拿破仑加冕》（1805—1807，巴黎，卢浮宫博物馆）。随着拿破仑帝国的衰落和君主制复辟，大卫被流放到布鲁塞尔，在那里他致力于创作年轻时期钟爱的神话和历史主题（《马尔斯、维纳斯和真善美三女神》，1824，布鲁塞尔，皇家美术馆）。

路易斯·伊丽莎白·维基－勒布伦

（巴黎，1755年—1842年）

作为一名粉笔画画家的女儿，她从小在父亲的指导下开始画画。二十多岁的时候她就以为法国贵妇的粉笔肖像画而闻名，并于1776年与绘画商让－巴蒂斯特·勒布伦结婚。她曾担任路易吉十六世的妻子玛丽·安托瓦内特女王的首席画家，1789年，法国大革命爆发后，她移居国外，在罗马、那不勒斯、维也纳、柏林、莫斯科和圣彼得堡都有停留。这个极具魅力的女人、女画家创作的肖像画符合当时贵族的品位。1802年，她重新回到法国，继续从事肖像画活动一直到1810年，在此之后，她几乎全身心投入风景画的创作中。

皮埃尔·保罗·普吕东

（克卢尼，1758年—巴黎，1823年）

这位艺术家在18世纪70年代初在第戎学习，于1780年首次移居巴黎，多亏茹尔桑沃男爵的庇护，他在那里待了三年。1784年，他赢得了勃艮第国家奖项，这使他得以搬到罗马，在罗马的逗留对他的学习非常重要。在这里，他研究了古代大理石像，这些模型让他终身受益，同时他还仔细观察了16世纪和17世纪的意大利画家。在1786年至1787年间，他负责彼得罗·达·科尔托纳建造的巴贝里尼宫殿天花板的翻新（现存于第戎），这件作品已经显露出他对于渐变的使用，源于对莱昂纳多和科雷乔的研究，这个特点在他之后的作品中一直存在。回到法国后，他开始为上流社会绘画，成为国王夫妇和拿破仑宫廷重要人物的首席肖像画家。后来他致力于绘制大型宗教和神话寓言作品。与大卫最亲密的追随者相比，普吕东保持了相当独立的地位，他既参与了带有新古典主义特征的文化活动，同时也推动了当时在法国占主导地位的浪漫主义的传播。同时期的人都盛赞他的肖像画，柔和的色调和忧郁的表情使他的作品与大卫的区别开来。即便是神话主题的作品，也往往带有色情性质，他的作品也可以通过经常使用的渐变手法清晰地识别出来，通过这种技法，以绘画的形式重现了雕塑模型，并加入了自己对古代作品的优化。

弗朗兹·克萨韦尔·温特哈尔特

（蒙赞斯旺德，1805 年—美因河畔法兰克福，1873 年）

弗朗兹·克萨韦尔·温特哈尔特出生于德意志黑森林地区的一个小镇，是农人之子，幸有男爵艾希塔尔经济上的支持，温特哈尔特才能搬到了慕尼黑。1825 年，他就读于慕尼黑美术学院，接受了彼得·科尼利厄斯的指导，但那里的教学方法并不适合他，因此他转而向约瑟夫·斯蒂勒学习，一位在巴黎进修过的德国肖像画家。1832 年，他前往意大利，在那里待了两年，受大公爵利奥波多尔迪·巴登迪的资助，并成了他的宫廷画家。这一停留在温特哈尔特的教育经历上留下了深刻的印记，他于 1834 年在巴黎定居，并于 1836 年在沙龙向公众展出作品《无所事事的甜蜜》（1835，私人收藏），灵感源于拉斐尔的《帕那苏斯山》。由于这次的巨大成功，这位画家获得了路易·菲利普国王的青睐，后者成了他的慷慨客户。温特哈尔特的名声骤涨，甚至传到法国以外，使得他有机会为许多王室工作，如英格兰、比利时和西班牙，以及欧洲贵族中最杰出的代表。与英国王室的联系始于 1842 年，为了满足客户的要求，他在英国住了很长一段时间：《王室》《威尔士王子艾伯特·爱德华》（两者都创作于 1846 年，伦敦，皇家收藏）等肖像画都完美地展示了温特哈尔特将正式的肖像与私密的特征结合的能力。他在拿破仑三世时期成为宫廷画家，他在这一时期创作了许多他最著名的画作，例如《拿破仑三世皇后和众宫女》（1855，贡比涅，贡比涅城堡），受奥地利皇帝弗朗茨·约瑟夫一世委托的一些画作（《奥地利皇后伊丽莎白》，1865，维也纳，艺术史博物馆）也是他的代表作。

图书在版编目（CIP）数据

巴黎雅克马尔－安德烈博物馆 /（意）伊波利塔·帕西利主编；姚雪皎译．— 南京：江苏凤凰文艺出版社，2022.7
（伟大的博物馆）
ISBN 978-7-5594-5323-5

Ⅰ．①巴… Ⅱ．①伊… ②姚… Ⅲ．①博物馆－介绍－巴黎 Ⅳ．① G269.565

中国版本图书馆 CIP 数据核字（2020）第 209510 号

Published by arrangement with SCALA GROUP S.p.A.
Original Title MUSÉE JACQUEMART-ANDRÉ, Parigi
Editor: Ippolita Passigli
Texts: Gaia Ravalli
The simplified Chinese edition is published in arrangement through Niu Niu Culture.

著作权合同登记号　图字：10—2020—519 号

巴黎雅克马尔－安德烈博物馆

（意）伊波利塔·帕西利 主编　　姚雪皎 译

责任编辑　曹　波
特约编辑　刘程程
装帧设计　鹏飞艺术
出版发行　江苏凤凰文艺出版社
　　　　　南京市中央路 165 号，邮编：210009
网　　址　http://www.jswenyi.com
印　　刷　北京天恒嘉业印刷有限公司
开　　本　787 毫米 ×1092 毫米　1/16
印　　张　8.25
字　　数　119 千字
版　　次　2022 年 7 月第 1 版
印　　次　2022 年 7 月第 1 次印刷
书　　号　ISBN 978－7－5594－5323－5
定　　价　80.00 元

江苏凤凰文艺版图书凡印刷、装订错误，可向出版社调换。联系电话 025-83280257

Photographic credits

All images in this volume are supplied by Scala Archives - www.scalarchives.com
© 2020 Photo Scala, Florence, included:

pp. 10, 14-15, 27, 28, 30, 41, 42, 47, 48-49, 51, 52, 55, 56, 59, 61, 62, 65, 68, 73, 74, 77, 81, 87, 89, 99, 100, 103, 106, 109, 110, 113 © 2020 Photo Musèe Jacquemart-Andrè/Inst. de France/Scala, Florence; pp. 11, 16, 29 © 2020 White Images/Scala, Florence;
pp. 13, 37 © 2020 DeAgostini Picture Library/Scala, Florence;
pp. 19, 31, 32ab, 33, 82-83, 91-93, 96 © 2020 Photo Josse/Scala, Florence;
p. 26 © 2020 Image copyright The Metropolitan Museum of Art/Art Resource/Scala, Florence

and except for images:
pp. 4-5, 21, 22 © 2020 Kiev.Victor/Shutterstock.com

The publisher apologizes for any omissions or oversights and remains available to anyone who may have been accidentally overlooked.